WORD SEARCHES FOR KIDS

Ages 9–12

woo! jr
KiDS activities

Woo! Jr. Kids Activities Founder: Wendy Piersall
Production Coordinator: Cassidy Piersall
Cover Illustration: Michael Koch | Sleeping Troll Studios www.sleepingtroll.com

Published by:
Wendybird Press
1151 Lake Ave.
Woodstock IL, 60098
www.wendybirdpress.com

ISBN-13: 978-0692710289
ISBN-10: 0692710280

wendybird
press

HOW to WORD Search!

Find words in the letter grids!
They can be found going up, down,
diagonally, forwards and backwards.

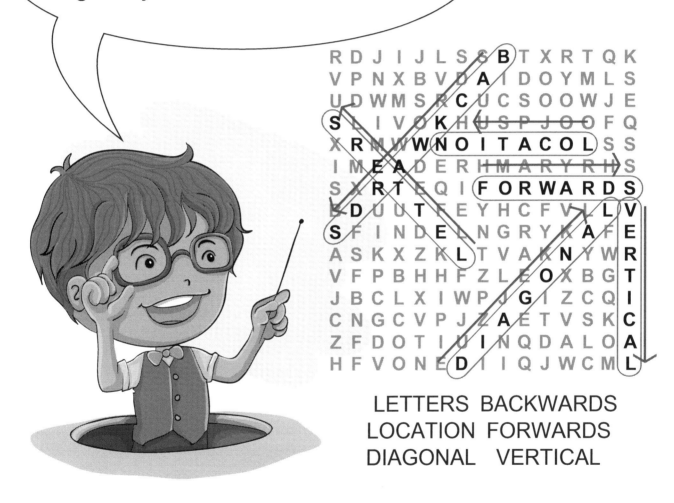

LETTERS BACKWARDS
LOCATION FORWARDS
DIAGONAL VERTICAL

STUMPED?

The answer keys for all the puzzles in this Book Can Be found at:
http://www.woojr.com/word-searches-9-12/

Adjectives!

```
V F N U D X V A O V V A S D S W T L R F S O
G Z A B S V Z Y Y U H M D B B R H P Z A T W
Q V R A N D B Y Q G K H W I J C T Z L S V R
T H I C K X Y W N V Y U F S W M Z F A T B Z
J L L Q B C S Q O I S C M I G O N N J X T A
A Y A U S E P D R Q H O X E D E N D L O C V
D E L L F Y C M F X U D F E J O P K S Z E M
G H O O R Y W Z F X A L O T Y D R L R M S I
G W F K D U O D F C A J Z I M Q C G R I S T
G T J H P G K J T Y S L N J P F C D G N E M
H C L S T J Y O R K R G C F P K L R W S D L
T H I N F E M F V C P R R D N N E L T B U S
Z Q O H I N N Q T I A W R H Z D P D P Z R C
L E A T Y H U B L T G A X R S L R S A Q B C
D H Q T B T H U H S H E B Z Q U L B V F L L
Q N Y E E F I U W P E W H N U R Y Y S F Y X
W W I V A N A B H U G O M J F S X C Y Q L I
U P M K T L C P Q B S Q B L S T I A V I S R
P C O E K V X M O P I L L O W U N F J D H V
U C S V N G Q F V Z V T L H U X H P C Q G I
J S N G O K E W S P B G V U I C H Z E G U Z
G G T Q A E J T Y R J M U H M S Z Z P B Y E
```

annoying	glossy	joyful	slow	subtle
cold	hard	kind	soft	thick
fast	hot	rude	sticky	thin

1

Things You Do When You're an Adult!

```
A U T P I N Z L U U H I T I U Q D Q N Z C W
G U C M A N E K A O G R E T I R E D P Z U A
E P S T A R T A F A M I L Y I P I O M B R T
Q K D K Z Z A V Q D X I T N U E A M J D L C
R O K F W W L L O S R G K I A S P K A U S H
U Y G N F B D Q L A L C H S N G F R V W O T
E S U O H A Y U B E O L R P Y V Y T E V H H
J H S A Y K E T R F L A I P U S E I U U C E
G X L B S U C M F P C P W B X D V S T K S N
T Z R G M Z L E P A L I A Z Y R U U T S S E
X Q U V E R E R Y M K O I R E A U W B Q W W
Z Z D V V R W U O G R G K T K C P W O Q E S
V C W J E Q B V T C T Z N S D O V D G I S X
K J C G I F D R N D X I E E D O L S P C W T
W S C I T K G E H V B E H X L K Y I O V S L
D V W B O X R Q V O F O T A L I G O U D N X
K J X Z X Y D U J H V U X T U X A J N U I R
V G B L E S N S G X A E F O A O B M Y D Q F
R F U T F K B S N L O P S D I P T U V D G E
E T K V C V G N T V I H P A W I R K C W W T
R M X A U R A A A N K J Q U J N K D L D G R
V X H U F G I X M N G C G M A J B S Q L C W
```

buy a car

buy a house

cook

do taxes

drink coffee

invest

job interviews

parallel park

pay bills

retire

start a family

watch the news

Forms of Art!

```
G F M T T S R C B C Z I O M L I M A A E G R
X N E I H R O P L N A N K N T G R S G V N U
V Y I Y I T W H D D R G L E O C U G X L I E
O I Z N L H S P M T N Y O H H R Z K I U P X
E K J V E Z M V Q I C Q J I F V H Z T K M B
D W P M P D I V R G N I T P L U C S F M O K
T K T L B J R O K W T E Q U N N H H U P N H
D X U C E Z L A O G C T L Y B N Q Z J Q N V
M P W I O O O M G T A B U C Y M E Y E L O H
I Y M K C J V B U N U N J O J U E P K Y W D
D B C C S G E R N Z Z X A Q E R B A M X M L
X X R Z U N E C Z Y P U S P W I R E C O L S
T J W Z S I C L O T H I N G E Q U J S L X Y
P D S V H T A L S R E N Y S L A A A M J N L
T O E N N R E N Z B U Q W R B I H V P E C
F A T D S I A Z L P H P S P Y C D R R H K G
G W A T P A U B C I S U M I F Q N Y K D H M
T L L B E P D C H K U L N Y S O V G H H M Y
G N Q J U R V G Z V J X S X S J S U O T I V
W R H H B U Y A W X Q R V W O R W U Z G S N
Z T T E C I R M C Z A C P P E U G P H G U O
A N V C S Q F F V G P O O Z B Q N I F P I U
```

architecture   coloring   jewelry   music   pottery

clothing   gardening   mosaic   painting   sculpting

Autumn!

```
E C F C E W Q U Y V P Q K P C X S J M Z T Q
D K H M Y Z K S E H F T W Y E I N Y I G P W
I S E I P N A C E P Z B W X G Y I A D R U P
R J P H L I R M E H N Z Y D S A K B L G M S
Y O P M V L A J N U P I N S A S P P U T S E
A Y E R D B Y S S R M R J N W Z M I M W Y V
H X A L E T E A Y W O H X Y A L U M P I Z O
P Z I A D H J U F H G C S V O Y P Q A F V Y
N Y K D J I T O U R U E Z O B C D A B O O J
C N U S M J O A I B V T H Z R Q E A Q H Y M
A D W S Q T K P E A R C P N O N V H C G Y J
B A V C B Q L H E W S K Q I W S R V P E Z R
I M P A E A I L C O R G U S N K A B D O L R
H T L P I W L D T D O E H O M E C O M I N G
A L W D L F W K P L Y U T X M H P B P N N W
L P F J L E C P E W H L X A O R A N G E B S
L H Z D T A C P F M X B H V E J P W R J F B
O B L L B N U I G C I D J R B W U V C Q U A
W H D G V P H R D A T W K Z U J S H K N G Q
E R B Z M A Q U Z E I Q C C Z B X O Y Z V F
E H K O G R I Y Z H R E O X C E L U C K G E
N A T D A F F V T T P W J X F B A S A H N V
```

apple cider
back to school
brown
carved pumpkins
chilly

corn maze
football
halloween
hayride
homecoming

leaves
orange
pecan pie
plaid
sweater weather

BaBy Animals!

```
U H R C T N Q B V I W J X N J Y K S R K Z A
U I R L I X S O G N Q R P R B Z W L D X K H
G R D H K D W D Q F F L M A R Y X B I P C C
C R B V A T O D W A B L B N B X W L U V D T
I U L I N U C B R N Q W U G S K E M H C K G
G H O I P M J F I T M J N O K R D U O D U F
M V Q A F I F M M Y K T J L O W T O O L P J
G F Z H P L A O Z V E G N A I Q H S R V V
R W Z X X K E Z T O R Z O M D H N B K K N N
E E M Z R X P X K R Q S M B I J X V J C M I
Q K L E G D T P K P C M G C Z H R D W P E C
G A C H P O J Z W T K X D H B W I V F G V P
N Y J I L X S F O A L I H X G H B H M U A D
Z Q X I H U Z L O P K F S F E G C P H B I E
O R W C P C J M I E N L J E J O Y L F C H A
T C S O C I H E H N X A M O L G M H Q C A P
G Z M E A K H A M N G C X T E E B U C P U P
Q Z Q H I J G O I B X N Z U V Y O P W F Y A
X D I T Y K H D E G A I J O P C O N A C G Y
S K T H D L K Y K F Q Z N P X B L F A L T L
C E R N R Y A H G W P Q E L E K V Z Z V C R
N X L J P V T E L G I P Q J L H T R V L O W
```

baby	colt	gosling	kid	lamb
calf	cub	infant	kit	piglet
chick	foal	joey	kitten	pup

5

In a Bakery!

```
H T W U B I W B C Z R N X Z A G O Y R D H T
O X Y D L G F S Z R D Z I T E F H J C D S P
W R W L E D U R T S O X T R T C X J J L T J
Z C P S O T V N Z M X I R K Q H G U F N U S
I X V K Z Y Z F A O Y B S P C Z F J W M R Q
V W A Z M V N W G O L X T S M P T O G B H D
D O F A D Z Y E T E J Y L D A T J X C A K F
F Y O Q K B J A B Y H U J N Q N W C M G J C
K X G Z F G E U J H Q T T T S B T O T U U X
F Y X W Z C C M S J H D G R R Y M G N E Z A
H W T K A I Y T N R S Y J E T X O V Q T V I
N X B J E R X D P N P F A H U R C W X T H U
U O I T T Q O B D W X D R I E P A G G E W D
C M M S Y U I G V B P P K I C K L T R M P A
Y E A M G U I E K A C S P C O A T R Z Q X L
E P J H S F L D L D I C E M O S U U U R K Q
K K N M F Q O G S O R F Y V K F J Y O U D S
A U A G M S N D U L L U Y H I J F S I U Z T
T N F C Z H N M U F F I N Q E Z Q E S N K P
J Z R U P W A O F R E E B O O F S M E G Y E
B S D E T U C Z R Q E I X O A C R Y W Z G B
J E U B T I C T O O C X W P O E B Y N J S T
```

baguette	cannoli	croissant	muffin	strudel
bread	coffee	cupcake	pastry	tart
cake	cookie	doughnut	pie	tea

6

Bears!

```
R Y D A R G P L N R R H G U V Q J B S D V A
F A O Y U I B M F B S K R W D K T B Y E F J
Z F L G O C R O N P O L I Z L A D N A P F H
C Z W O I I Q R B D D B Z C F K L K L U G O
H N V O P H P J I W G S Z U I K L W R T S E
D C P Z N V A A C C H E L B C F B W L A C G
W I V Q N K K T P P L M Y F B D Z J W Y Z K
U H U N B Y M N X X N D G Y S A Q U F P T E
D U R J Z A S W Q U P I N W L R X M N V Q F
X C X K M H P P H Y Z S Y C O C V W M H Q H
U Q X Y V V U I V R A I Y F A T Q R I C B C
N D T Y Y I H M D L Y S F G O X T I O N D U
W M A L T F G S K E X J V D J W W U R T E A
O R V T Z U P M D O W B L U X C D S N N J O
R L I K K G G Y A B D P G X E X N E P D M G
B O Y H M H S N L L K C G W P M H L Q X K Q
Y Z U I Y B L X U U S C Q M C Q B G Y C Z W
L S U G K A T Y M C L A W S G Y C J A Z Y T
N I T F A R K D M R L I L J X L T L S I C K
F K D P Z H H Y U V A W R I O R B M I D G B
Y S O E Z V Y D T M D N B P B A A R G R U K
F K Y Z I Q Q G X F L J E T Z P D Y K M D I
```

black	claws	fur	kodiak	polar
brown	cub	grizzly	panda	yogi

Big Stores!

```
R L D H H H X B W F P P A A U V T D V T T T
Q E T W F H H J S E Q I G M T Q O U E I A T
Q T G S L K D S J I V M G M Q E A P H R F T
Y Y I O P F X L J Q R F D G P O V M G A E L
L G F E R W L N S E C G X X L H P E A H M T
B Y H O E K T S C S H T D E Q Y T D Z C Q M
I H R G H W H Z R H R M K T L I W C I Y Y F
G P H R K D T Q Z A D T T H K M A I M L F S
R V G R W S C Q M S G N Q I B P E S G I X K
S E A R S W J K L A L O E C S N J M J G R H
S N X O Z M S L U Z V J J L D O P O R V L Q
E V O X L F Z D H E T B Z B Q Y X O O Q A Y
B U R W W V Q V O V C S J A U X C E L X K M
E W I T A L Z I S Y U J M X B I Q R L P B I
C Y I W L R T R J K L F P A W C N N M V S D
K G I X M Q F E R J Y N C D Q K V C S Y J F
E Z Z L A W G J J Z F O W P I M N Q N E S M
Y K X I R H Y I R B F C X O L O K A R K N T
G O K C T L J E A R V F U T V W H A R Q L N
N Z N W Z M W M Q M R O F J N K M C A J J I
Z X A X A U P N A E J A T T O P M L H P G X
U K W O C T S O C S L R D E T C E F K A Y N
```

Big R	**K Mart**	**Macy's**	**Piggly Wiggly**	**Target**
Costco	**Kroger**	**Meijer**	**Sears**	**Walmart**

BirDs!

```
B R F C S U W F B S O G A Z C H M F A Q V O
Y A J E U L B G L I R C M A H C Q N A W S R
V H I W O O D P E C K E R J A I P U V N P Q
X L N C A R H U N B Y D S E W R X Y X D T P
V X U R M T T C K J I E Y T K T X W D V F R
V N V Z O S O X I N B Q R E H S X A Y X R I
L F I R T L X O A L K H W H Q O H E X P G U
N N R L S P D L J Y I W O H Q D S I E U X M
Y A E Z N P Q B N Q V Z S O W V R O K R Y P
P A W H F A E A G L E Y D K R H Z M W G W
G X N D L D C H J U D S E K H P X K D T K B
Q A P B A G D I J H F E C C C R F A Q P G S
N F T M M T O G L V B J T Q D X W J Y U R T
P O T H I O P O V E A V N Y I J X Y W D Q W
Z A F J N H I T S H P A S K I C E X C B Q W
S G R F G T I R I E D L I V V P L Y E O L M
L N R A O W R H A O D Y J M W R N X B Y Q H
C O V T K W Y T D U E U G U J D U O D V V K
W Y W K V E S O B Q W N L Y K D J K K Q I K
C X T N T E E J T D U I W N Z C F Q C D G F
O I J W S T Q T X Q D J O L C Y U Q R K B N
S N I X F L T J R P S L W W K B K D P Q E N
```

blue jay	duck	goose	owl	pelican
cardinal	eagle	hawk	parakeet	swan
dodo	flamingo	ostrich	parrot	woodpecker

9

Body Parts!

```
U I H Q E A B V T Y L V F V D N U N U O N C
U Q M A J X V O J X G D I W T H Q K U E Y I
Q R R Q N S R U A N V D N J G J L B C W H X
A X P R G S T S T S F B G J E X C K D J I F
W S R Z O Q E O I E U R E D B K B K H Y P D
S H O U L D E R M O B B B R X G D T J M L E G
Z W C E I Q N A U A T S I R W P C J U R Y P
U S U O W H A N D Y C U I F C E I G F M N R
K S V C F D C Q Q W E H A W H F I B R R L O
X X C Q Q D N H B R O L P N U E Y W T L Z Q
F G K Y Q V F D K B G C K P K S M M W G P D
D D Z B W I S X N P D H S N E F Y J Q T V Q
M W U O Z U V K W I Y C Y U A S P D T G J O
P E B B O K D T G M P H Z O Z S H G S H T K
Y L E A H V I B S D S A U E E K R T E A A L
E Y L N H J C D T L V Q W W O I X G H B K L
P K K Q K X Z I D V E C B Q N B F I C G U R
F S D P P K B R B J N S D W D P H G U M J E
Z V T O Q O F F U N H N O G T A N A K U N S
M E I T M D U O O U E K C A B O J D X A D O
J L I H V M L A O H A I R K E O E K E G Q N
Q M T J F U Y J M T D C Z W I X M B E Q N C
```

ankle   ear   hand   leg   stomach
arm   elbow   head   neck   toe
back   finger   hip   nose   torso
chest   foot   knee   shoulder   wrist

10

Breakfast Foods!

```
A N B O C E S X J P Y S C N P K E X W C C I
M C W W J V M R D H N K L N O A M R Q A B M
B I H F N B A R N W F K I K H F N Z Q N D N
C R E P E S G G O D O U G H N U T C N B T P
E G Z O N W N R L E G A B B Z Q A O A S E F
N K Q S Q I B Z K X A X W Y Q Z G A X K Y G
S K G G E H U Y A T N P L L U X K B O A E F
I Y N A S J Z K P H L L K J Z U U B M U P S
O T B A T J L U O L C I Q H P B S H W M G T
P J H M L N Q S D V X S W T Q T R S B X O D
S G Z E C W E A T O I V L O V D J O W J M X
M B V Q X L S Q M U T X L A Z F T I E J E F
L L A Y O A J C U Y V D R S E N T V R N L N
S K U C U S E L F F A W T T O M J M H I E K
P U M S O O B S B E P N R O Z R T M M F T I
U H A Y M N V P U D V B E Q K I S A L F T M
Y G V H V U A U H U Z L E A W W O A O U E Y
E D G B M F N Q R P O P S C K C E F R M Q U
O C M C R D T J F S K N T M G R X Z S T C Q
C T B U C C V A Y L N A W H E L F W X G W M
U G I W H U Y U R O J Q H C K Y Z H P Z G B
U T I L A A K C Q P P Y A Z C U T H D F D E
```

bacon	crepes	fruit	oatmeal	sausage
bagel	doughnut	hash browns	omelette	toast
cereal	eggs	muffin	pancakes	waffles

Bugs!

```
B F F J K Q D Z D S Z K U G D W Y S H X P O
G U M K B P R B E E T L E P V T Y L T Q F I
F U T W R O A Y V N O T I U Q S O M Z L R S
T U B T J R G S U W L Q V P H J E G E G V R
D U Y Y E Q O T C O E B K V X T D A R Q W Z
O Q B D D R N G Q B B R M T S U C D A Q H L
P N I C E A F H Z M V Z G P S X X T J X K D
V P B M L M L L S H B M U L D W P U G M X Q
S D F E V O Y Y Y U O O W O T T G W O A P V
A B O B I H R J N P D T Z E N F K C L P G T
E M N K Y C B X J N F H M R Q V Z N M K D P
S P J W I W N T G T M D W C S R R R H I S R
C V W I A Q Y B I J F L A F U U Y Y G C L A
O E K C I T T G W O G N A N C F Q U E W G R
N Q Q Y R O T D R S T K Q D B E L N L E B M
K A F D O N A Y A W T J M R F E T V Q S X F
B B M X X T S P E B A Z J Y I I Y T S J C K
C A T E R P I L L A R S X H P C L K D G K B
Q Q X C M U D H M I G Z P E J X F B D M H X
C R X Y M E Q C X E X X D G T G S Q W F K V
L G K A S D A R R X X E H Y T N P B N V D H
M X D S H U C I A B Y B G I Q M A P N K R H
```

ant	caterpillar	earwig	ladybug	spider
beetle	centipede	flea	mosquito	tick
butterfly	dragonfly	fly	moth	wasp

Parts of a camera!

```
S M M T U X V J A Z G R F I T S F L A S H F
B G D C O L N B L Q E M T V H M R O P U A X
O E G Z F V O N I W J O M U J G J K H J X U
E O R R M Y T U O O W Q T O I P C H J O L Z
P F I O W S U P C K Q T O O D V D D T Q W T
W U J S T O S N Y R E T T A B E N P X G N K
P H O N F P I N H R R N B M V B T Y D A H F
S O I E J S I A R A A G F V J Z B R E S I M
W L Z S G Y S H M Y T B K Q L W Z L S J M W
Y M C P D X Z P N V I L K D Z B E I A K U L
U Y G M Z R H T G B Q V U S V K V C G P B N
Y Z S I M N F G C J T S W W N C V J U F Y V
H J R J E U X E P E Q M M M D E D I M F G X
G F N L M S R Q N G U H Y D C S E W J X E C
Y L Y S O I R I D S E B Y A D T I R V G A T
B I V J R D P V I L B L R I Z O W V C P T M
O M T S Y O W U A I E P L M P I I I K S D J
C Q E K C T R E L N C U H B O N D Y C N O Q
G T A A A T E S B K D T U F B G Q Y M H Y
F F S Z R E I W H Z V X K H I F X N Q P J Q
E N E W D O K S U J K M L W B R V H K X N C
I H W V F R W Q P E U Y K U Z G E T P H S L
```

battery	**flash**	**memory card**	**power**	**sensor**
dial	**lens**	**mode**	**screen**	**shutter**

Parts of a car!

```
M I T K F W A X Z T S C A B O V F H Q B F J
H M O L W H H D A R S U K U V K Z A U M N N
X L B C E Y O I I O Y Q C M V F W M A Q P P
J N N H S B L A L N K S R Z U M P X F Q R I
W A V T F L T N E S E N G I N E B B N S S L
U X A E I T Y A O A T B E P R X P R B S M I
W E T G Q S O K E Q S E G R Z F B A O V Q P
S V H H M U G K F S Y R E Z E G E K O P T U
T T J Y A A T F S X S D D R A W A E L D R H
S F A P H H V C I W K D V T I N S S O V D R
L F H N G X A G D P F U G X N N I Q X O J D
X L H F M E H Y E B C M S E B C G H O O D P
K F L O Y M V C M G B Y T O M L M W D V P S
D L E I H S D N I W L N T H L H Q K H V R F
G A Q Z R C F B R P A C B U H W L N V E P Z
V O W I S G I S R S B E T W W D V U A V E H
P N F Y U V W J O I S V R X S W W R S R V L
H N L L E W Q P R U A C J F B T H T P B V O
Y X W X X M A Y S J K Q P J X U I E Y G Y O
I X T E O F C G Z K P B H O V I V F E N V W
S K B K S J C O O C O X X C O D Q P Z L Z W
F T C K C X S U N B C G R H N Z R W J W S T
```

antenna	exhaust	seat belt	tail lights
brakes	grill	seats	trunk
bumper	hood	side mirrors	wheels
engine	hubcap	steering wheel	windshield

cartoon characters!

```
M R V N W J M S B V B Y D V W H S O K P Z N
S I M I E V I V L W F B U T V O M T M C N H
D P C R Z J N Y P A T R I C K O K E G D O M
D C R K X Z N F N C K N E S I P P N A R A Z
N Y L G E H I C M U V H Y R Q R O Z O S J U
I V V J K Y E P O R J Q H V U K O R M W P G
Q S I N Z V W O M L L K H C Y G U K O X
V R U G U U D Q T N D G D V B H W K G F T X
N E V I W Y T M K R D I X R H N T K S S W Y
R I Q H B Z R R F Z R U Q G E Q J U V F B H
L X L O G X B O W O A I W J P S I J J F Q B
S G O O R E I F D H W T O E W A C Q G Q D B
U C Y T U Y T N C J D Q V P X F V O F V O V
S K M D T A B X M L I E X A I D F W I Z X B
B A D S G J T O M O U L L W D N A G B B V G
Z K G T U R V F B X Q X P T B P O J Y C R W
R L L G R M K M W E S I R N O Y Y Z I B G C
E K V X L P L M K W G K U L E K Z I F K X Z
O M E N G G Q J S P R N K O I W S F B C Z O
T Y Y K Y L Q Z T P N S O T N J J I K C J A
H U L P J G H S K N U M J P V I S O T F B Q
P V L F X H C J N E F V T V S O B N I T R I
```

Dory	**Minnie**	**Pooh**	**Squidward**
Jerry	**Nemo**	**Scooby Doo**	**Tom**
Mickey	**Patrick**	**Spongebob**	**Yogi**

15

cat Breeds!

```
A E E E S X K Q N R Y H B S M R J S B P E D
K B P Z N F Z D C A Y D Q U B B H F H L B L
M R Y Y F R X E N G A K T U R Q R M I A U Q
P J H S M Q M E M D B A G G P M W R I L H P
C P Q N S Z C A O O M E Y E K F E P F A B F
S T F F S I I M M L O R S I A M E S E V M S
N W X E O N N I N L B A N E K N D A E I O Z
R I A C E Y T I B G S G U A N E J F F M M G
P E Q C T I W N A B P A I L M I P O A Y C W
B R O T A C I C O N K M T X S R K L X E Y J
T O S N N B Q P U S L U E W E C I N M Z H Y
N M U Q T M S O I H Y F G Z W G M B O N D H
E D I S Z O S Y N P B F N Q R Z R V W T C O
X C K O Y Q W K G P L I E E J E A J U T S B
E Q I S Z B Q B M I U N R D T L H U R Y N V
L B E H A R K P R I V M E Q L Q N R M D A K
Y C O R R R V H R F R P S I Q C E B P J A K
Y E D W S X I P V W P O M A I G M Q O R D X
D B X J U J L O C Y S R C R U J R S R C R K
Y O T Y A Y S Z X S U O H W N M Y Y K O T M
X U E R T R A H C B B C A M Y W G F W B G Y
N T O A M L X B O E C K A K A D L P E U R R
```

abyssinian	burmese	maine coon	ragdoll	somali
birman	burmilla	ocicat	serengeti	sphynx
bombay	chartreux	ragamuffin	siamese	tonkinese

16

Cheese!

```
F F O W K L P S N M R Q O J G T A M N H O F
J E N O L O V O R P E R T V H P X A U E V T
Z A S F D V J H K B T W O O V B S P X U K Z
I Y F E K Y T U D C S N F K L E D L P P B C
U Y K Z M W T E W Q N J Q D M Y B V E N N D
O R R F T W U L B D E H E R A X G U A Q A N
Y Y B A Y M F B C N U V A X Y S S I W S T G
U E P S E T H L G D M P O A Z Q C V G Q X L
K Q A I D R L O B S Y Q N P S F H W I K V A
N U N A K B U T X S Q O S S U Z D R L Q O O
Q A B G Q D M Q Y Q T N O C R A L T D J H S
B S C O A I R E N P U F M U K E J B G Y I I
V C P I U A Y Y L C W Z E S Z F Y H W S E W
T T N S R Q X V S C H H O B D Y N T K H I F
Y I F Q T E E V J N I P P L S G H N H A I I
C Z F Q H D M I W W J V H F V G Q M T F T K
S Q T M T J L A R A K X O N L B Z E N V L Q
N T I V V X N L Z B A U W W B X F F D P I Y
C J R I J S B B E V Q X D S U E K X O A Q D
J M T I N E Z O J A W C O N J Q V C T P Z X
Q B J O N S D C H E D D A R P P N C S O U Z
I F P M E G X F A W I V Z X L T L A U P U E
```

american	brie	gouda	provolone
asiago	cheddar	muenster	string
bleu	feta	parmesan	swiss

chocolates!

```
B D J D T U Q B F D Q C T X O M Y S Q H O Q
T T E F G S W U R K S X W Y I F R P J C T J
I T L R L K U T E S R E A L R A K E C V M S
M W Y S K T U T X V M D K V M K X R A S J J
C J A B F L T E G Z Y Y S P R R T H H M Y J
S A I G U K N R F A W M W W J Y E U V R X T
T R S C Q I F F P A O O M I T A Y O R K N F
S C R U N C H I Y V N U H R T Q B H Z Y M K
X R B Y W L S N D Y G N T H J P O B M L O G
J X E D W Q E G S N U D U R N L L E U U W H
L F V K E S O E K M U S R B E M O H K N L R
X N A H C E Q R K D N P Y O G E R B C P L O
H D T T M I Y D R Z W M B L X H S G K W B D
P E Q F K C N E S O P B A M I G I E C O X R
J C E I I S H S O A S J B E U S J A S U K U
N K K U Y D K E S D M X V E P F J L L X R M
T A O K N N W H T N E Y H L V W A U G L F W
J H E V N D B B H Q F T Y R J S V S J N E P
C R E L L J D V X F A I F H H X I W T D Y P
X C C M M U Q X B Q Z D U O B S W C Y S J P
U E Z U G W X F N S R L R S Y E H S R E H B
L X D E T B M Y L P L R Q B E N I R T U U M
```

BabyRuth	**Heath**	**MilkyWay**	**PayDay**	**Snicker's**
Butterfinger	**Hershey's**	**MnM's**	**Reese's**	**Twix**
Crunch	**Mars**	**Mounds**	**Rolo**	**York**

chores!

```
D C P T H W L U U N G L Y R J D R A X G O Z
J D G E C A G J R N N L M A I Q F E K F L Y
G R F L U G L Y Z K I Y T K B B P Y B N B I
Z Y P N N E N E N F P Z O I Q P A Z Y C K H
U I D S V B E I K E P R K N O K L I S O F W
T R L Q S B D V T I O W G G F J O V W P Z K
Y O C Y O C O G R S M W A U O U T M E D L Z
L P N S N W M T B K U H B B C U I D E I X W
M I R I N S K M G N P D N K F E Y V P F O Y
H O T P C P G A H U S D W P S Y G E I C T G
J O W I Y A A O H D V M U Z K M Y N N X Y X
S K M I M P Z U D J R W J N F S W I G S Z B
B H W E N K J N V W F L V Q V W Y N E S Y U
T Y Y E W G A C P W Z G K Y P E O H Z E W P
T G J Z H O D T B S H J H W G V S X S O X C
V E E C V M R O F U A A C T L I Y R A R J H
U Y B Y Y M Y K D B E W Q Y D Q S Y M R I Y
V P C N A T V Z R T E G A B R A G Z G A Q V
M H F E O W I X S K B A T I E H J H A R P U
M V A C U U M R U C B T D L H N V O I L E I
X L J R L G U W L M R Z E L R M L S A G V N
T W D S D W V U Q P E R G D V D U A D T P V
```

dishes	garbage	laundry	mowing	sweeping
dusting	homework	mopping	raking	vacuum

Christmas!

```
I V S W G X B G E O R A R Y M T H Q Z G C T
L V Z O S X E U E V R H G N I K C O T S Y X
D E C O R A T I O N S E M U L J A G J F C J
G F I I Q L S E I C E A E R K S J P X Z F U
G M P N W W B K W G J R K D L R X T P C D
S A N T A W O N S D J Z O T N E H Y I O O F
F O W Q J I M N D E N D T S S I T P J H R V
S M T L E I V O B R D F C E I K E J U P N K
B X B Y C C Y J B X O K N D D T T R Q I A C
M V X J C T Z R Q G U T T Y G M Y J M S M I
B Y Y G V F Q Y T Q S R D K T Y A O K E E T
I T K H C N C I X R E G I O U W A H S H N G
N A R O Q S P W P E Q Y V E U Y R N E L T F
N A X Y A Q Z E C I H M C Y V V B D I H S V
J Q W A L X Y M Z Q U W F B L K L A K W K Y
O O S Y Q D X D F G C A M Z O W J C O G W H
V U H G V N C Z K Y X Y O V I Y D G O Q J Z
J O Q Z Q M I V P E L N N A Y U J O C A P D
Z E Y R S I Y P G I Y R W M K B V K Q S E R
C P S A I M R E M C V X T O Y H Z Y V U Z Q
T I C U N S W A L Z B V U P S T O T Y E H V
G T B H S T F Q K K K F J S W V X J J A H G
```

cookies	generosity	milk	red	snow
decorations	ham	ornaments	reindeer	stocking
family	Jesus	presents	Santa	tree

20

Major Cities in the USA!

```
E R A I M I O O O K M D K E M Q A U N S E S
T Q W R V G R Z G I I S N G B G Z L V A G A
L Y W O A L K P N J A J W A L O S J S G A N
S U T C A W O N K O U Y E Q L O T O N E T F
D O I N T H E X O G N O U C P T P O I V L R
B H D F J A C M E F Q Q H C K H R L V S A A
C O X A P C X W W I E L E P B A E O A A N N
S W F O T T J K Q Z K J S G F D Z O P L T C
S J L L U I O Y L H E Z C D I Q Z K N H A I
U I E E K U A W L I M P K V S P K A Q I M S
S X I V X B U R X V P F P U U X E N H I X C
I Y G I T Q S N E W Y O R K Q F G Z N N U O
E M R A M S P Y C I Z Q P Z O O E K B A F M
N K A R G V U Y V L J L A P M A T V H R A V
I Q E I K T C T A Z L X K O P B G L G M U M
I W D H M P D K F R T N N F X T Z M H B R X
B G X Z T R O R V X O U J Z R Q T R M X Z Y
S B B B R T O H C I N O C B P X L B N H D B
R P B V Z F C H A I L P M X W T U V V E Z A
E S W E Q V I O F B D C Z R Q S D T C T F F
W A P L G W I W H F D Y V O Q K A K V Q Z R
Z N N U P E N J O I B B W R H N F S F W B O
```

Atlanta	**Miami**	**New York**	**Portland**
Chicago	**Milwaukee**	**Orlando**	**San Francisco**
Las Vegas	**Minneapolis**	**Pheonix**	**Tampa**

21

classic Novels!

```
R U Z C T E J H D K D A E A V S M F D E H U
S U R F A D M U J D R R L F L C T I R O N Q
K T O G A X V V A I T U O E A L H C I W W D
Z D H F J U O Z L Q C T V T Z T O S B H P C
M J Q E Y H G O G A Q A C W Y H V X G U G I
Y Z X Y S T O M R E R H T O V S Z S N C H X
T M Y H V C H D E T E G L S T W N S I K S Y
F J W U E G A G S R C Q H H G B I E K L E C
G H W U T H E R I N G H E I G H T S C E I H
I N W E R T E N L E K T E D J C Q S O B L A
H E X U O V T P G E N C G Q A C L Y M E F R
H U Z Q I H K U I R T E I D Z T W L A R E L
Q P R L E W Q B I D M L E D T T N U L R H O
M J L R I B K F G B E A E T Y R J Y L Y T T
Z U Y N B I R E F Y U X X T E B G S I F F T
G E X U J N I H N B U V N Q T N O W K I O E
Y B S T A G T A E R G E H T Q E I M O N D S
C A T C H T W E N T Y T W O K L R N T N R W
C C R T B N I E T S N E K N A R F O I Z O E
X V P F R O M H Z I X H E D L G Y D I N L B
L A N Q C H I U J S L P T I W W O F H I D V
R A Y D Y U Y L H C K H H X W L O D F K Q A
```

Catcher in the Rye   **Huckleberry Finn**   **The Great Gatsby**
Catch Twenty Two   **Dracula**   **The Scarlet Letter**
Charlotte's Web   **Lord Of The Flies**   **To Kill a Mockingbird**
Frankenstein   **Moby Dick**   **Ulysses**
Gulliver's Travels   **Nineteen Eighty Four** **Wuthering Heights**

climates!

```
N U S G J U L E L H Z L J M H Q X A S N Y Y
E A X R G W D I H C P A H B Z J Z F C V N H
D F E C L E I Q R S X T F S H D Y L M K M Z
U A G N Z Z M F Z N R N N D C E Q Z Z L I R
V I O P A M U D Y D B E J P I G T Y G X M X
J Y S M Z R H H L J I N H T J R H I L K M R
M P H Y X W R F D U E I S W U F C A M A H Y
I Y Q H O S B E R H W T Z F E N C V R F J R
C P T C N R T F T B H N K B I I D I K P C P
T K A F C C Z V E I A O U T P M N R H Y T J
F U R C U V I X G M D C N O C E P U A Z A E
M W C G E O X V K D I E R S E M I A R I D M
B S T D T C J S O J E T M Y J Q K N M J H Z
Y S I T B F I I O N O K R A D R G H K V I V
U B C T T R E S E D L D Z A Q A S F I I Y J
M J Q C G L M N J G Z K P D S M U P Q F R D
U N I F L E W M C W B L B B O Y A X B N E F
E J G Z X D D A B L L T G A N L S Z P P D G
K O O M W E T Q J U X C Z C S V R W N N M S
C J K Z N U H B H V J J X O V L Q S R F N R
A P Q V G H R R W W P Y I G S E B Z Z F Z K
J L E K W Q Q Z I W O U S R O V S N M Q N P
```

arctic	dry	marine	tropical
continental	humid	mediterranean	tundra
desert	ice cap	semi arid	wet

clothing!

```
P C A T S T U G O G K N Y W M P V M G M M Z
P B A K R R W T U Z E L E T N K M I P W F W
A B I L T I Y B Q Z U A E F P M P T Y W O A
S R Y A M H L M K R D N B N M P E T E G M D
T T H Y G S Q F F E Y C F G F U A E G Z N F
D L H J J P E Z N T J R G V T R W N M L X R
E S P G T A O C J X A L S T R O H S T E L H
T I E X I Z O L E C O D Q B F V L B D S L O
C D K G Q T V M S V S J I H Q U C F P E K C
J Q Z X X O P V E D W J J M J B A M T U J C
B W J L F T X S O R Y Q J E P T B Z J T F K
W I V C P A E A E E N I V H Y Z F H O N V X
N K E D E Q Z L K S S P G G Q W R T G B J E
T U F U J U P T L S B M X O E F X D U K N T
H S T L Z K Z H Y W P F Z Y T A X L P M S I
T C E J N J H W X S T Z F Z X Z C Z Y X Q U
T S R V H Y B J J Q I L Q R E Q G P L V U S
P P H X B C C P W I W K N J Q J Y O F N A T
M N Z G D L O R T C N L V E Q A H E S Z H A
W R A L C A D G Y N P X V I Z X B O B R V V
S O C K S V K S L D S K O J J Q S V O M D A
Y X M F O N O O G O C Y G G E Q Y F L S A E
```

coat	hat	scarf	skirt	tie
dress	mittens	shirt	socks	tights
gloves	pants	shorts	suit	vest

24

COLD STUFF!

```
G Q S K P T S K U A T J D T F E H U E W V V
I N R T D E Y R C J X Z I S N L S J X V V H
K U I A S N O I L Q L X M O L O O X M V R X
Q D T N V N T W T T H U F R S Q J B U V W I
Q J H I O C S N O W J N A F S M K D M E C A
T J Q Z R I N H I Y V J M P P S O D Y E F V
I J Q A N A T N B N K K K U C I Y K M F R V
F C T Z R U Z I D E K Y X A N V G B M F S T
Z N E W K Q U E D L V S L X O L N J M O A S
A F E C X M D R S N E B X J A X J V J C S V
C R V W R A W Q P K O U M C P E J I I D I K
Y E M B H E Q E H O W C I S K E H X T E X H
S E A S A E A G W F R E R M E E O C O C J C
G Z A L O C B M U G R E A I O G B R G I Y I
U E C S F C R T F Z Q L T P A U O S V D O U
P R B J C X Q M N L U X V N G M Q I Q W Z X
H B O F P S Y B K L K D Y U I Z B T A P K G
Y T J J X E H I F X Q Y O M I W X A N B I B
M A X W Q A V X K I G U U N X H E Z A T J U
N Q W D G H I P V E I W A K S A L A H A L W
N O R T H P O L E L M N R F Y C F D S F V N
E N I L I C N G J P E Z L C V W K N W V L V
```

air conditioning	freezer	ice cream	shade
Alaska	frost	iced coffee	snow
Antarctica	glacier	north pole	winter

25

colors!

```
R D S K N D K O O V K R E K I Z K P M N Y R
K W G Y X I G R M M G V V F Y K P X J B F R
I I U R U M P E D O F P W I M G F D V G O F
E P M R A N T D W M K I Q R N I B W A Q N X
B G O L D Y E E F J T B A D K D M C J U N G
Q E Y L Y T A D B Z T W L J N I I E O F J R
O A W O Y Z W E U U Y W Y L I J H G V X F N
Y E U A F J I F G P B Y T I P G N R O T U S
Y R V I S C N T O Q M J H Y G J E U J O A N
O H D H I Z V H U V K A G A B A L Q J T J G
Z O O B L X G S G K M A I L U T P E H M R A
J B J C V C B B K H J S U S N A R Z O E S C
E C X G E T J I P A T T R B H J U C E O Y G
D Q F D R T G N I C O Q V H E C P N Q S E G
K T L O E I Y K T Q H V K Z O G U O M P E D
K V C A V K R K U R U E G E W O U F R G F L
Y E L L O W C O L D D A T N E G A M N E L D
D B Y A R Z Q A U B J M J G M S E A U P I B
A U X W E W D B L C U E T I H W R L X O L H
R N C D F D T C S B O E Z V D O B Q B M X M
I J E B X F N U K T C S X N Y Z C L T S L A
W K T I J Y F T Q O I T Z P E T S P C M D T
```

black	gold	indigo	pink	silver
blue	gray	magenta	purple	white
fuchsia	green	orange	red	yellow

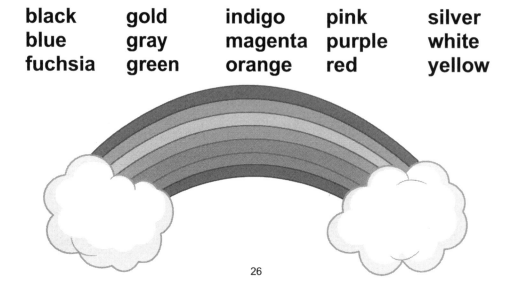

26

Common Illnesses and Diseases!

```
D G Y E V J J P S I T I R H T R A S V V Y D
C G C T O P F G B L Y P P H A U A K Z I G I
S J K O Z D M L J H O X Y R A U W J Y G N A
S C Q N H Y O L P A R T I I M K L P N E A B
U P C S H L U E R B K X L Y B R B N K T X E
U U Q T U G B D R Y E Y O I M I O V J S F T
S R O K K V S O L V M D I V D B F W U I W E
F E X Y R N N E U E P W Q Q B U C S G D K S
M X I M I C Y S A C S H H I X C W X K N B Y
C Z B Z H E F H M W J N C H N H J B T Y I O
H U X I K R F S N C O Z V X G V X E C N H R
Q X T N L R Q Y T U C F A T D R M K M Y W A
P I I W L I Q B I R X P W M L J O X C B Y V
S P K Y W D E U F A C Q I V L L I W P M D T
A F G U D J G Q H G A I O K V N O C H A T S
M R J K Z Q I A S V N H O S D A C O C H Y G
B G V S J H Z V X A L Q P J A G B L K Q F X
W K N G H K J R N H S X Q C K N C D B W F C
X A F E Y E T L S R L T F W U N Z Z M U L F
M E A S L E S L H E A X H D D T X Q L Q D T
B J Q J Z H S S N I A U H M B A L W I O B N
W T I G F G N B L K K K F H A A T X N X O F
```

arthritis   bronchitis   diabetes   lyme   pink eye
asthma   cold   flu   measles   ringworm

27

CONDIMENTS!

```
A P M B Q W R L K L D C A S L A S M S I Y S
W J U L A A I O T B R M H L J Q W A K J G L
R X Z H G R G C E X A R U E R B P Y X Q E I
V Z F E C G B G E I T D C M E E L O A Q G X
R L N Q Q T B E W Z S B Y I Q S H N V D E Z
Y I I C A R E Q C R U U B V I K E N R Q C Y
V O M Y P G P K O U M D P A N Z M A E G B V
P I C K L E S N V Y E K X N L N F I L A R O
X N P Y U G I R E Y I S X J Z Q X S I R D C
I I T A M O J F W F J W A H C S G E S D G S
O S B M N Y Z F H Z M B Y U P H V G H U F X
R X Z S V P F X R J I Q L P C Q E X A H H Y
P Q H D Q T L K B C V M K S L E K C H C D V
R D R P Y G B L K V K H H A Q M A M Q R G Y
H V R F Z L U D T V T W O J Q M H P U A G Q
C F P U D R B O X H L V A N O J M D H V Z B
J I N S Z B Z Q N M N Q W L C J N I J M L S
C D F Q X A V B Y F P H E A X A T T U J R C
M H I G C P E M I O Q L P E S W P U G B U F
F B Q N D X M T C E J J U Q K E V K Y O F B
Q R K H B I B Q F R T K P N G B M P L S D D
L U E C U A S T O H S A Y E G R R K Q M I E
```

barbecue sauce   hot sauce   mustard   relish

cheese   ketchup   onions   salsa

guacamole   mayonnaise   pickles   vinegar

Cooking!

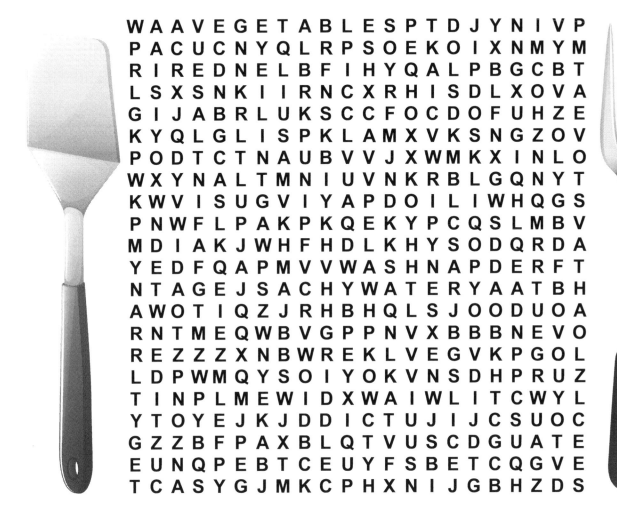

```
W A A V E G E T A B L E S P T D J Y N I V P
P A C U C N Y Q L R P S O E K O I X N M Y M
R I R E D N E L B F I H Y Q A L P B G C B T
L S X S N K I I R N C X R H I S D L X O V A
G I J A B R L U K S C C F O C D O F U H Z E
K Y Q L G L I S P K L A M X V K S N G Z O V
P O D T C T N A U B V V J X W M K X I N L O
W X Y N A L T M N I U V N K R B L G Q N Y T
K W V I S U G V I Y A P D O I L I W H Q G S
P N W F L P A K P K Q E K Y P C Q S L M B V
M D I A K J W H F H D L K H Y S O D Q R D A
Y E D F Q A P M V V W A S H N A P D E R F T
N T A G E J S A C H Y W A T E R Y A A T B H
A W O T I Q Z J R H B H Q L S J O O D U O A
R N T M E Q W B V G P P N V X B B B N E V O
R E Z Z Z X N B W R E K L V E G V K P G O L
L D P W M Q Y S O I Y O K V N S D H P R U Z
T I N P L M E W I D X W A I W L I T C W Y L
Y T O Y E J K J D D I C T U J I J C S U O C
G Z Z B F P A X B L Q T V U S C D G U A T E
E U N Q P E B T C E U Y F S B E T C Q G V E
T C A S Y G J M K C P H X N I J G B H Z D S
```

bake	fruit	meat	pot	spatula
blender	fry	oil	salt	stove
boil	griddle	oven	seasoning	vegetables
chop	grill	pan	sink	wash
cutting board	knife	pepper	slice	water

Countries!

```
A G T P Y G E F Y F X H K F C E A T S A O N
D U U O T I S W N N J T L R V K Z Z M T A F
V S S R W H T Y N O A Q N A N P B E P P M C
V F Z T Y G J R R B E M W N L X R R A M N U
D B W U R M S L T Q X Z R C D I R J A L R F
C P A G K A D N A L G N E E C U H Y R Z M P
P K N A P N L U Z W E Z D A G B S C S V I F
C H I L E S G I P O B V X Y K X O F Z C H L
H A H N Z T Q D A C C A E N Z F H J E T N P
C M C A G X B P L C N P A O R I F M P L K H
Z X H C O Q C Y P O Y B X U N A M U K Z D G
X Z T X S N N V A R R C S V B T G I Z Y L V
M E X I C O I E G O T S K J M G U Y R Z V J
F F W E Y Q W A R M I R F C M W V U V P R Q
P R K M Y H B O P A A L Q A T Z F M D J R N
X L N B J C S M I S S L D O P S I S X R W T
X N E T O D W B Q A I A Y Q K C Y V J R Z P
R K K Y A P K J P E N Q B Z G B Y W C G O Q
H Q S O I C Q X F A C G R I N T B W H N T C
Y C Y B K N F T C J B T Z K V Y D W Y F R P
Y V E E G J O E Z D M Z E Z B O Z E T Q I X
U B P P J N X U M I J C W Q O N C U L V I A
```

America	Chile	France	Morocco
Australia	China	Germany	Portugal
Brazil	Egypt	Japan	Russia
Canada	England	Mexico	Spain

Things That Are Cute!

```
T Q X Y Z P A T P D R D P L P P M N S Y N C
W X Y K N L Y X U Z E I W N A O H A G S F O
U B P K G N Z C K V T O A N W J D S U G E G
C A A F E R K G Y Z S D D X X I O F I M J M
V T R T L L O G L N M A H K H M C Z N O W R
C U T N I X E P F T A G Q O N Q U L E B R V
Y I F N P X Z M M G H G F K T H P S A H G Y
K B G K N U M P I H C F U L Y U H F P Z X V
L B A P B W M L M Z J H O Z T K P Z I S X H
R U K B W Z U V P D R Q D V T B E N G X D I
D Z N M B O B L S E O B R B Z U U Q U D P X
L J O Z V L W O T X C O A M K C U I Z A S G
B E J P X D K L R F J J X U Z P H Z W X P K
X U R H K I A J B B H O P I D P F H J V B I
U G T R X O Z A P U U Q F Z C U Y O E F D V
A W O T I O H D Z V Y Z H U Z P I G L E T M
A E I D E U N O T K F G P O C P X C U K G N
M U Y C V R Q M V Q Q V L Z M Y D B O Y V M
I M Y F I D F S J I D M F G Z M Z U P I N
C Q F A N Z P L X D M G V Y V H P C Y N K F
R G P R I K B O Y F L G D R I B L K R K N T
I I B Y P I A R Y Z K O L M F T F B T I C Y
```

baby	butterfly	duckling	kitten	piglet
bird	chipmunk	guinea pig	owl	puppy
bunny	cub	hamster	panda	squirrel

31

In the Desert!

```
T A M I N R T I V V Q M C B R D B G Y E D Y
E R R E R H Z E F V X Z E E E L I V N N L D
B D T M F A C S Q M M D T U Y K X N K T G L
Q Q A F A C H F R V E S A H A R A N G D Q T
C R R K H D P A O K N F S N T B Z Q X O J Y
H M A X R I I B L O N E Z I M H U S G F Q U
M O N T X S E L M A E P G J L Y N D V Z A U
O X T C F Q C A L Q K O P X E V A S P E K K
N U U R K A L X O O C L J N S R Q E L N Y Z
D G L N L I I X A O T E D O C O V E H J E G
P W A I G V Q P B X G T N X O S P U Y A M N
B K B X X H I R G J P N N Q Q H X R E K W U
T H H N V L A S U Z D A Q W A R O F N U X D
Z B R A T T L E S N A K E N U T P I A V I C
J J A F W U F U Y L X R T V K J L N S V I J
V I I D S U Z F N B U C E S N W T U D S O T
O W W L S B V M I T F N E C S V U Q W D E G
I H H G F D O H L B A U G K N I Y Y F S T Q
Y H V C P I X U U E Y G H F N Q B Z U Z D D
O H O Y G L V X Z E J N O I L A D O I J W H
N O I P R O C S H S N P T I W B C C G G D L
Y Q P M O R Z E G J T H X W G E K H N A D F
```

antelope	dingo	Gobi	lion	scorpion
armadillo	elephant	hyena	rattlesnake	tarantula
cobra	gila monster	Kalahari	Sahara	vulture

Desserts!

```
R Y D S Y E N L F V I Z E W J K Z P H O Y R
H C A O Q L B N Z A W U G K H Z S V J H K E
L F J F U B R O W N I E B P A P V N T U P O
V K K K U D O B Q N T Q R G G C K A P O T I
A M M V I A O T P S A R M F M P P T M V J H
S U U I V W L A Z I T Y R F G G W U K L M D
F N B B P Y Z V Y R E K P M U R S Q C F Z B
C M I X F O G X A X H G U K N Q P O K E O E
F W I P C C J T D T H W D C O A L L R M Y L
F G O G D U Q J R H I G Y U X C R Q V H Q F
Y V P E W X G O A R W G Z N F F V X C Q E Z
C M W Y U C D U T N I K L J T O W R G X S V
O X X B Y K H J S A R M C A K E G N M N A O
O T Y N D A G G U M R N O W R I W W M R U I
K I N I W N M O C V T T P U Z T O C T Q C N
I N T D I U W H M F X K R K S N J R C E T E
E H J D F P Q W Y K B J G Z Y S D C C L C K
D X D F B N A W O C M K K M V X E R M Y S R
X U I Y R T S A P H K U G F Y M E N P D E V
P N S T A O X G P Y R M N I T A L E G N L Y
I Q Z V P N J P E N H O F M F V Z U A W U
Q R C V P M T X O J G G A S E Y C J T C O G
```

brownie	cookie	fudge	mousse	pie
cake	cupcake	gelatin	muffin	pudding
candy	custard	ice cream	pastry	tart

33

At the Dinner Table!

```
T K Z E R Y A S R Q W A O O L I Q T F M Z G
D A N P F A V P X N X Y L I G U L Z O F J V
K U B I Q K R O C L B B N T N Q B T F Y J H
F C J L F W A O K S O D U S L D Z N C C Q M
O T U W E E G N Q O N R K V D J P M W L P Z
Y T M C T C D W Q G I E N C L U L I T V M D
V L J G E M L C Y V P P Y I H W S G J K Y I
H J E O C Y Q O R K C P C Q O Q O S J X G V
M V Q Q N Y S T L J E P R B J H B Q K X F
N A K V I N R R Q H U P G C B J W K A L I H
Z T Q K Q G P L A T E S J C U N F N F K V G
B Y P Y W Q H A W L A R R N R V O W K U W L
V A C I V M F F A L S F B B B E D Z N J L Q
N E V Y P C U Z T Y Y Y U A L B T J U D Q D
X J E G W F S R S N L V O B P E S S U V O Q
H F J W U L D L U O Z R O Z L V V P A O B V
A F X Q A G B P Y G T W W Q Y E H O F O A Q
U Y I O U R A Y Q Q S E W X R R S O J V C D
W O X D G L F M X W L P Z J W A I X Z X S D
C K R O F H Q I W E V S F B Q G D Y P W M T
N N U O D R K P I C F F W Y V E E S J V R Z
R E T T A L P L Z F T J V W F U P Y F J E N
```

beverage	dish	knife	pepper	salt
bowl	food	napkin	plate	spoon
coaster	fork	no elbows	platter	table cloth

Dinosaurs!

```
I X D P D E J E S O N V F E N R P U A Y Y I
C L J Q W L Q O X U X Y N O Y R A B L P T L
U S I Y S A X H A F R O A T H U F I L W B I
I L P A U S X C F D B U I W R R G D O G A H
O P K X R M P R K F S C A B X U D I S R N M
E R E P S O P A L P D R U S A G U W A J M K
N A V V A S I T O U B U C N O Y K M U V G S
B C C L M A M T Y C D X A Q J T N K R P F U
X R S F X U A K P V S D N F I F N I U D U R
D K A W B R S T E G O S A U R U S O S N X U
Q I I C E U E B M N H C V O E J O V R A Z A
K H M C H S R O T P A R I C O L E V N B M S
X J I E V I X Q M T P J W A S Q L K G K S O
C R B V T Y O D V D S C I U J N Y E F L I N
T Y Q G D R B S Z P C K L W S L T X C E Z O
V V Q S I O O E A H L X L W O T V C V I E R
F I O L W J R D S U G S H S C U N E B N S K
I G Z F L Q B R O H R O A D F R K P X N J P
R D H Z K T E I M N M U O R E I H A W L O I
V Y D U Y J Z F B B R X S S D K O T D J X F
Q K L Z J K F O B U E S C R W D N T Z Y Z B
G P P M E P N D S K U W U Q S K N U O D O E
```

allosaurus	brachiosaurus	elasmosaurus	stegosaurus
ankylosaurus	brontosaurus	iguanadon	triceratops
baryonyx	dimetrodon	kronosaurus	velociraptor

Dog Breeds!

```
M I R Z E O D G P D H B K E P L U Q N A R L
Y D R D E P D K N O U N O M A B E F F O E I
Y Y X U F I J U B L M R I J E G A K X T V Q
I B V E T D H X L D R E J O N P P D E P E X
O G V D H S Y D F U X N R L G K S C A G I Z
D N H O H P O F F Q B A S A N K Y F J C R M
C P D C R G Y Y K U W V G B N W O X U V T G
L U A J O A S C E C C G Y G J I J W Y F E I
V D S A U Q Z P X V N L A Q P M A A Y Y R Z
J S I W Z X S P K L E A W D H M H N S E S Z
L I N X T T M Y I I Y W I B H C U J H C R W
L M B O H D C D N R U F Y T J V S E E F O C
J A V U I D B A G R E X O B A O K L P E T K
R D B T H B P R N R R T A P B M Y R H H T A
K E D R S S E A U H A U H I H C L X E O W X
E H I E A Y P E K I N G E S E B Z A R N E U
E Q V R H D C T J P F N J A C N E O D Z I T
H M U O R O O T F Z U Q G F F H U A D B L U
Y M U P R E D R P O O D L E A G P I G X E N
K N J G R V T X W N K Y M P R X N A A L R G
D V I I R P Y Y H U M Z D N W N A X A Q E H
L Q G B H Q L L U B T I P V V R Q M C P A G
```

beagle	corgi	husky	pomeranian	shepherd
boxer	dachshund	labrador	poodle	shih tzu
bulldog	dalmatian	pekingese	retriever	spaniel
chihuahua	greyhound	pitbull	rottweiler	terrier

Emotions!

```
X Q R U D B Z Q M P U U G O U Y S S S E E F
X P Q X R E R A G R Y P L L P T V K Y X L T
Z N S U O V R E N C A S N A W E M M C H H E
L N N A L B R E R G L E O N Z M B I R Y Z S
U O G S M Q Z Y D S R T L X K N T S O R U X
G K S Z L N I P U L J Y K I U E H A P E L T
D E T N I O P P A S I D R O D Z W D B Q Q U
O U T R A G E D N N J W J U X F F J W A D V
W Y R S G Z I D M P I C E S X J L L K O C Y
P B C S M N E U K D O M Y B O K I S Z H K T
K J G Z P S H A P P Y D A L M E N O P L Z J
S B Q D U L N I W Q E T U T D K S N P X P C
L U A F B U H K X R J R M E E E C D S X X X
R L N L Y F V G A H D B F N N D I H T K S U
K O E P S Y C C Z Q E I H P K N N R M G Q I
C C P E I O S P X E T S M K Q V U R R F A M
W E Y W U J N R M O A O R G G Q K T A O V P
U F N S F D O J Z P T D M Q X O F R K R W L
M Q D L K L H R B S I X Y A T O Y J V A S C
Y X N H T U F O Y E R K F R E D A J B X S S
H R K Z R G Q L W B R I H A Y B L T F T Z L
G K R O A I N I Y H I B W E A R Y K R B Z U
```

angry	confused	irritated	scared
animated	disappointed	joyful	upset
anxious	excited	nervous	weary
bewildered	happy	outraged	worried

EnDANGereD Animals!

```
R E W Y D N E X T R K Q D J Z U K P I O M T
E E U H O C J M H G W T L E Y G C J O O F O
E B L D A Z J I E L T R U T A E S R N V I L
D A J I M L N L Q A P K I Q U S A K U J R E
H Q G S D O E H S C M K G A I G E G T T S C
A C R R C O N A M I A C U U N Y U Y N P B O
J Q Q E T W C H E W Z D K A C O P W A M C C
Z M R M I Q V O Q I J P K X H N D G S W W C
C O I P A F W V R Z P Z S T D B R M A J F Y
S R Y G S F G Y D C V C O X S Y S Y E N B E
I G H I N Y T P U B Z H W P F L C A H Z I J
V X S U B X V C H H J H O R V K I L P Q Q R
T O R T O I S E H P M J J A Z C F T B Q Q P
R U M E L G H B H E J L J F N R E L G A C V
I K N I U M C L D N E Z E B R A H Z O Q A S
E H A F H A G F H G H T Y N G N U T X W A M
P S B G D S B Z Z U K P A L V E F G O X Z S
L J K N K U H E U I U H E H L G Q A I L B J
Y S A D M P X O O N U K W H N N A P P T H F
X P L L E W N O A Y Q M T P M Z P J I Z H L
X D M B L M P O B Q L L H U V U V N T Y U J
E J Z V X S I V A J X A A W X Q U C Y M J D
```

caiman	deer	lemur	penguin	tortoise
cheetah	eagle	monkey	pheasant	whale
crane	iguana	ocelot	rhinoceros	wolf
crocodile	kangaroo	panda	seaturtle	zebra

38

European Eras!

```
U H N D D J B F D S G S Q T S F U O N X E T
V I C T O R I A N A R L G G H O R U O H B Z
Q Y S H F X J U L O R X D Y H J K H I T R N
V S E F N K X U M A W K K B E J I M T M R A
B K P K A K F A S R T V A B E M C T U H E P
Y Q F M V V N F C W W E I G Z Y N P L M N A
R G E F P T I V X I Y B A O E E C Z O U A N
M S I C I S S A L C N C Q N M S V E V V I F
E R X C L S W O C B F O Q N T X L U E Q S P
L A G E O F D I S C O V E R Y I W O R D S N
X B K L X U I S E L L T F L Z Z Q D L G A O
F Q F Y M D C N F T H G F A O Z J U A T N I
T K C Y Q X I L O G U G B T K P L A I L C T
F L G J R T M X I L W E F K H O A N R T E A
F P P T N Y R L X O T O R G C Q S N T N Y R
G H J A Q Y N N E H B R K A F P E V S U I G
U V Z J Z E V Y A Q O G D D Y D J A U X V I
T Y K H F J E N I L H I H Q Q D S O D M Z M
B O M O U C H E F H E A F F H R P V N M C O
J Z E C I A H C R A S N V R W R Z E I U V A
W G P D I P L R V V Y A I D Y L C R X W Y G
A I O D X S P Z X E B K R Y R E W A W M P B
```

Age of Discovery	**Dark Ages**	**Migration**
Age of Enlightenment	**Elizabethan**	**Napoleonic**
Archaic	**Georgian**	**Renaissance**
Byzantine	**Industrial Revolution**	**Romantic**
Classicism	**Late Antiquity**	**Victorian**

Famous Car Brands!

```
M R Q S I R X O Z T N K A Y B I B P G O K J
Z W O N I S S A N I E U K B C B T L A B S V
A X B L Q I B Q T B D S W A B Z I T U W G N
Y D P K L A Z R P I V V L S R H N K A B G C
O I B I G S A M I U I E L A X T I U H G Q A
T G I L O M R Y Z Y E L T N E B H K F R U M
E V F U N Q O O W N K M J Q T R G N M R X B
U M W O E T S A Y D E O E C W A R H P F S J
H A T N Y K C L C C M B O F T U O B A P L U
X S V O L K S W A G E N S C C T B J S L I J
A E Z Y I P C L X D Y Q G E N V M I H E R Z
P R O L O F W C W O G U O L D Y A C Z X A U
R A W M B B U E C B H R T O I E L N A U R A
L T A G F L P Z C S A G U Q R U C D T S R A
F I Z J B N P X C U L Y F T Z C S R K T E T
C O P L L O P S G T X L N L W R U F E C F M
B L I I R J H A X O Y Y Z J N I R A R M V O
H J M S N D J C C R R Q D T K W F L S C M I
K A C R V W B X M A K K K C Z Q D A D N P P
X H D J O G N G E X Q A S A X H T P Q B Y Q
E V Z X V J H P N H P K V J N J A Y W O B Z
M X S J K Y M R Y F C S J Q D V M F Y C U Y
```

Aston Martin	Bugatti	Lexus	Porsche
Audi	Ferrari	Maserati	Rolls Royce
Bentley	Jaguar	Mercedes Benz	Tesla
Bmw	Lamborghini	Nissan	Volkswagen

Famous Schools!

```
R N G M J F Q F V Y D R S O V K P B O X P B
Z O E L A Y A A L S O K O Z X C F G R Y R F
Z T C I N E G D I R B M A C U F I X B N I D
O A I K E M R M H L P R J H Y C O S Q E N U
A A U J E A I F E N L O M A S O B R F K C Q
U V D Z V F N O R T H W E S T E R N D U E N
K I B R W Y E D C O R N E L L Q O H R D T U
V E A A N Z A L D D P L L K K Q W N O N O G
S H T T A H N A L H N X L C Q B N Q F S N K
D I F Q K Z R N F E N J T M G A M C N Y J O
X V X M A T C O E J R A P A B G W R A Q J M
L B K Q M C Q A Y P D Z A A R I E F T T O M
M M Z O N O U T M H A C H N O E Q D S E Y O
R P U Q Z K K U A X N I R K Y D Q S O B A G
J T V H A Y L L D Q O P B L W N Q E J O B Y
H D C W O I U Z Z C H K J M Y W O V Y I L U
T A D T U S O M Z P Q K F I U N R P U R B N
A Z O J Z O X G V D I Q N M C L C F O K T W
Y R D Q J R R Q R V W Z B W O U O G N H W I
Q H F N O H C J R Y F E H G B N Q C I W H E
M H R I K T S C T Y U I W I Q Y V I J O P K
B F V L C P F R J I X K D K M H S G R X U Q
```

Brown	Cornell	Harvard	Oxford	Rockefeller
Cambridge	Dartmouth	Kyoto	Penn	Stanford
Columbia	Duke	Northwestern	Princeton	Yale

Types of Fish!

```
D D P M A Y Z I K Q V L O J N W Z F F J Y E
X V G H O D Z R S U F Q C Q V T H I Q B L G
F O L Y F Q A I C Q X X O Z Y X I C G K C S
O O H A W H U D E P X Y Q D D B A R R K M G
Y U W R S I E J K O K G G P Q Y P F V E U G
K I P Z Z R N O M S C E X S N A L I T M P T
I M J G S V H U J G Z C R D L O Y T H A Z G
C X P L E E S B I L M R U D U T I L A P I A
G C I Q P Z N L Q V X A J N J M F K T A X U
G U K Y S Q N U C J L V D J L F B T L F F K
S P E M J E P E M J M E C A Z Z X U B U Y Z
G T D P K A A G T P R Q E U Q U X O O U Y P
G S E Q P O D I H Y P B X N L G E R Q O I I
T Q C E L K X L W E Q P F S I Y Y T I E M F
S E B Q L H P L J I O K V B E D A W X B D H
I A A S V H O Z Y P W L A L P P R T M O R E
M T L L B G E Z N P T S L Z V G E A R Z F F
A A I M Q Q Z A B A S A Z I Y M Y A S V J I
R K C Z O L G Y D R W P O L C G D T M E L R
L E O K W N R D R C G U P P Y Y O Z M U E G O
I G S L U K E O E I E L A R E K C A M N K O
N U K J B H Z O R B B I S E J W W R L H A E
```

bass	eel	marlin	sardine	trout
bluegill	flounder	perch	shark	tuna
crappie	guppy	pike	steelhead	wahoo
dorado	mackeral	salmon	tilapia	walleye

Flowers!

```
Y E M C P L Y O U O R H R A E M V D R M Y W
S M I A I U M S R M B N N E V V G U A P D N
N V E L R Q U C I V N U Y G R E G I J E O O
A S Y J S I H R O A R Q N N I U R P A I N I
P D F U L I G I I W D H R A R O B Y T H R X
B L I B D O J O L H J N M R T M W A O T I H
P Y Z R W C V T L X H O R D G K N E H Y V O
G D A F F O D I L D X I X Y Z R W M S X D T
Z F C P N N O B P C S J W H A B W X L B Z L
J A C N G G Z G B W H G K C D W T U O Z E J
W N S S F P K C X B G T H R A P T R O J Y M
I I C E W F J V N L D G I F E W O R V N S L
P I L U T S K A R S N S R Y M W Z P O N O G
A N K P P F G N V C H U G G S A O E P G L R
V R N J E L Y D Z Y S B X R O Q P L W Y Y O
M X P K N J V C A F G F B M R P E O F R C S
G Q E L V I X K X I Q L L E Z Y S J R N L E
R J T F J O T A C Y L I L A C E H C W U U M
P I U Y S E Z Z W Z A O G W O U L X W B J S
D F N W P U U Z X E X U D P L A I W O M X I
P J I M G J P J G P X D N E U T A W N M P C
F O A B W V Z Z O L L Z X U O N O A O U P Z
```

carnation	hydrangea	marigold	peony	rose
daffodil	lilac	orchid	petunia	sunflower
daisy	lily	pansy	poppy	tulip

43

Fruits!

```
I R K Q O Y E O L V U Y D E Q Y W G T O P R
S X Z M W D R M Q K R T P M L V E E W M O F
E P A R G I O R I B I N P I F E L S L V V C
F Y Y Z P A I T E U V O F L V Q O E H E G C
S X R I J T X W R B M O J X A Q M B J H T W
M L R F C J L F I E K H X E Q O J E D T J F
D P E J U Q R N G K O C P M N O F S F L G K
S I B W K A V R D F Y K A X W Q P P Z B L W
Y A E M T Q A J Q V A G H L M O E B W T B D
B L U S N N J R W O M D H C B V K R Q G A D
T Q L U A E Z I Z Y S B F L Y P I F T A N M
R S B T N L U S Q T V W V P J A Y O W K A S
X L E H F H Z U R B J Z J R W R A U J R N N
Z A H I W V Y M I U D T G F S X F A O S A S
W U H K Y O G V P W O E Z Q S R A J G O K I
D N S D W B X E I K A N E J F G K Q U Q F K
U W E B Q Y G F E T U X S Q C Y F P U C Y Y
J Z T K M I G R P S P G H P E H Z B V H H H
X C F B K H U E W Y D K P L L E E H R M J C
J D I T A I G L S G V B H Q W T W R J R R M
N B Z F L E F D C E Q Y S J C Q T O R C I X
O Y R R E B W A R T S R A S P B E R R Y X R
```

banana	cherry	lemon	raspberry
blackberry	grape	lime	starfruit
blueberry	kiwi	pomegranate	strawberry

44

FUTURISTIC TECHNOLOGY!

```
R S C T I D A M B C M D H A L Z I I N C W K
P M F B B N Y K A Q A A G V E N R O Y F V N
Y Q L L I G T O I D R I Y H V D L S J D L W
E U P P F I H E V Q N W Q I A W I V E A A W
O J G Y F Q Z S R G H S I E R L F M E D B G
G M W N K U I K R N R X J P T Q E V T V G Y
Z D N R I N K E G A E E D J E C M T B S R A
F U M Z Y T V Y C Y Y T H P M O V N K S O Z
S D S O K E F G A M G R I N I C A O L W W L
O C J W R M N I U C I N U N T A D Q C P N H
Z W X S Q I Z V H R O B O T S I T E F W O O
P M A L Y S N X A S V A W V H P G U K V R T
Y L J L C X W O S X E X R Y S X A T W N G C
K E F F T T R F F A C P R B E T P C X Z A T
Q R A N U H K F M D F T A Y K Q B U E B N D
S W P B W E S P U B H M J H V T V I Y M S S
N O I T A T R O P E L E T Q S M R A P K A R
K R H B F V K L A R K E A K G P E W C M F Y
U U J M L K B D N I V W E I D K O H A R H X
A S J H H N G A I G T T P B S A Q Z H L E F
G T V N Q W V X T C W Q B W Q J W L D V A L
U S D X I V D E S C C Y P A W O N G H B X Z
```

aging reversal   internet in space   robots   teleportation
flying cars   lab grown organs   shapeshifting   time travel

Gemstones!

```
T E S P M K H P O B T V Q Y Y P I V I M S R
A Z S Z G V I R Y O E M H J P Q Q C G G J O
I C W I B Z S L U F R W I E M V H V E G R B
S H Z C O Y Q R E T I N A Z N A T Q H N Y G
A Q Z A R U M O W U H I V N S E U R D U P Z
Q T K N A A Q M T W P D E C C A R E P S A J
U W W O L G H R F Z P Y P K R H U Y V U C M
A V A I U S U O U I A B F T G J Q L U H M H
M H N P A U C H I T S J Z Y W C T J I X Z V
A E Q E D E Z M Y W T O Q D A X M J H P K V
R P V R F B C Y A A E W F G V H R Z L Y I E
I Q R I Q D B L X I Z M Q I W D A V P V T I
N C K D Y U K T K F N W E T X L S P J I O S
E D Z O R A S K A N Z C T R K L F N Z R Y T
G X Y T Q Y C F Z T H L V N A P U C T T Y X
X Y T Q H M F J Z A G S N R W L F I O L S A
A V N T C M P H X D P O P A L T D P Z G L O
F J E Y D I A M O N D O X S W U Z B W P E Q
R M Q X F Z V F D Z S D T I W Q K E J L Q F
A T E W G J F G Y Y T E Z P Z O I W M W G Y
Z J S Q S W Q C Z P D S Y A K W K O R O R V
Y Y G C H T V Y J Z A Z O L Q S F H L M J S
```

amethyst	emerald	opal	ruby	topaz
aquamarine	jasper	peridot	sapphire	tourmaline
diamond	lapis	quartz	tanzanite	turquoise

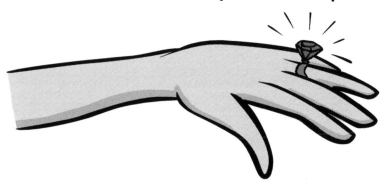

GOOD HABITS!

```
U R Y N K T Y E S B M E I Y T N B B O R P K
Z I H N X E A X R J G R I W O Q X E Z V D Z
M A N X I U D U L H X O C L I Z F P I H R X
J H Y K V N S G Q S F F V H G E C O G G R D
R B W L G H N Z J X N F E H R A D S L A O B
N M S Y T E A T B R E A K F A S T I R N N N
L O C E G G O W W A Z Z P L V B Q T S E C U
Y C E S V M J R F L O S S E L B N I J H J M
F T Y J W F E Q G O B R U B O N Q V V P O G
H B X R W W Q G S T G U H T Y P B E B W W R
D Z T E O T C N V N F K V U O U M P F E Q K
I O Q H X F T W Z M X R I Y Q M E I B I L S
K J S E A E I R O F G O Z N E S H X S Q K D
Q M K T H E R J E B D R F U E N U H Q X I Z
T X I Z Y H T C G A R V G T Q T O D D L Q Y
U R E T A W K N I R D N K U B K V M J V C H
W D V I M L Y D T S Q F S S T H S Q E P E B
P U N K Y E O E D B I R P W H C G I A V W J
V B A F R N Z T D I J N K V L X L G B P A A
S B F E K Z A L O S R G G E A L B V A Q D S
U V K L F S P U W F Z C V W S F R S A T U O
G D W B X B U I E E T R S Y M Q N S Y G C F
```

be positive	comb hair	eat breakfast	floss	save money
brush teeth	drink water	exercising	read	shower

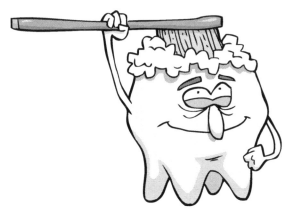

47

Halloween!

```
V O T I W O S W S G O M O K Q L V Z E B L O
Q F W T C S I R W U Y P I E X E J D O L K S
C G H E P G E U C U O Y R E M A X Q U A N N
D G F O M T N R H N Y D B M T V R K R C S I
R D O C S W I T C H B N G V V E S M O K J K
I K A N B A Y B Q B Q A T H U S K L A X C P
Y F O E G U H S Z D X C E R O F N I J Q X M
F M T X D F H S Q O B K Q P E S N D O Y R U
R C C T A E R T R O K C I R T E T T T W U P
A M G H V L H L P Q F R O D Z E A D D M W E
E A R C T P E T W X W J U W C R X P C M N B
T P H O B N F E F N K Y T M R T V C P B B D
H T V K Y P Z E H O V X R A F Z Y T U D X T
C O S T U M E S M H Y X L E V O Z M B U D W
T L G P S M T I Y U X A B V D A X U H U F L
T O Z I W G B X B E W Y D T T I M M G N R D
G U K T G J W W U S K S Z A Z T C P Q U Q F
F P E A Z D D U Y K Y N K J M Z C N I S Q N
B N X R D F L O G R U O F F J Q Y M L R X W
S S L N E T N Z T A T J B C Q P Q U R I E F
E G N A R O B D L Q T O F S T F M J L B F H
I U J K V A P Y O C Y Q P R Z E H C U X W J
```

black	costumes	leaves	pumpkins	trick or treat
candy	Day of the Dead	monsters	skull	vampire
cider	ghost	orange	spooky	witch

Healthy Foods!

```
N Q C H I C K E N H B W T V F H B Z W A K G
K V G J M Q S I O Q M A S Q B L S Q S D C H
I J Z I K R Q V P F S U L U U T H D A D W X
V B O W A F T F K D F O P E D Z M M L T I Y
S N V I D G T Q L N S A B U I Z H A M R C V
U D N M L O A P A T N E Z J C H X V O G M N
U M S G N O M G H N R N O M A F A Q N G O D
G Q X Z H E C Q T R D L V S B S J A I U R R
P H J M W U J C I C K G B Y T W R A R W J H
F P L J G Y F E O Z W U U O J W W Q N H Z L
E N B Z L I S A L R I T R D K Z Y X N L H W
U J H Q J I W T T I B R O M D D S U D R A Q
O V K E E N A L F A A X A M J I W W Y R W R
C O N I R N T L Z C S Y N Y A L D A N X O U
I G J Y N C S O Z X Y D Q X O T E X E E B M
W X T B T N O M E L C E F Z D E O P W O K K
L C W Y I C F B S F O J D Y A I E J P X L B
G W A F I B F N E P N Z X F C Q C O T U A T
O B D Y G R L X H C N T X F O K J D J P S M
A F Y S V T S R Q P R M D M V G K S P A D Q
U S H M L I F W C E I T U C A T H L J C Q B
B X T K L Y T I U R F E P A R G E Q F T V M
```

apple	blueberries	carrots	grapefruit	salmon
avocado	broccoli	chicken	lemon	tomato

High School!

```
U R R E I D C K W Q Q T E B O R P J C T Q X
X J B G B K R L D Y P L T Q Y F E I O T S S
S M X A Y O L I W Q Y G V Z T O W J J Q S I
D E G U J E S Z V H I P L B W A I Z S T X N
A B O G D Z T B U I Q H Y V S U G N I Y V T
E I Q N E C A Q I L N T K L E S C S Q S D E
P T I A J B V Q Y F B G A Q S J I K T E H R
B D R L U O A R T S E H C R O V R R F D A N
C R P N I A L N U N H V B L E S O O Q U Z S
M E Y G P N J I T O P X V G A P F O C G E H
I I I I Z X O X M Q W E E Y S S Y E K M V I
H U I E O T Z E K P Z L L X T T S Q Z W N P
B S C R Z M C F F V L O H H Z L Z N T X M S
M O P O N O M Q M O Q B G S Z D X O H W Y S
T Z I F M L Y R C Q X F L W H E I Z R Y R L
M A P I Y I U T E P Z P W C X S N P G H Z A
Q T N W B B Y N Y T R H C T I C S T Z L W N
V G G L B F W S B U A O H B N O Z C B Y B I
Q K K F Q F R U E H R E M F X I D Q L J F F
B A N D X M L O T S O F H O M E W O R K N M
M B G C M W R F C M X Y Z T S Q H H Y R K Q
H B H Y N A T B C S J C K R C K G B S Q P J
```

band   finals   internships   prom
college visits   foreign language   lots of homework   sports
driving class   homecoming   orchestra   theater

Historical Figures!

```
I W Z L Q N F K X A M A B J H R K N T V G A
H A H Y U K I J J K R I P P T N R R U N H L
D L Y M G D F W H O L T A F A W A V I K A B
N T Y K O O W U R L H A A R H H W K K B O E
A D X Y Z E X I G A U N F P R L R C R Y X R
G I R T F R V A G A D E K A O E O A H D V T
A S L F A A T K D B N S E E H E H D J K L E
M N I O M E J L F N E A E T N A L A P S Q I
T E D K S P A S A E I E U L M N O C C H S N
A Y D Q B S R S W L U L T L R K E Y C S A S
H F J R V E X B E V N F I H R A G D U A K T
A V Z V Y K O M E I E N I M O J H Y Y J O E
M T G G S A A N T D C M O B O V K C I E A I
W S W O B H M R N O A S O F N W E M E O K N
H A L K O S A F L N L I X H V J P N E J H R
T V R I J M T N A L E D N A M N O S L E N D
A S I F E A S I G M U N D F R E U D N F C O
U T Q V V I Y V B R Y I H B E Y V K G O Q K
E B N X E L O K F A M A L I A L A D Z H V O
H G I B T L X N P J Y Q U L Y E Z S B P P I
W I F D S I B P R B I W X O K C F A B U B B
H T U N F W L E O N A R D O D A V I N C I E
```

Abraham Lincoln
Albert Einstein
Amelia Earhart
Anne Frank
Bill Gates
Charles Darwin

Cleopatra
Dalai Lama
John Kennedy
Leonardo da Vinci
Ludwig Beethoven
Mahatma Gandhi

Martin Luther King
Nelson Mandela
Sigmund Freud
Steve Jobs
Walt Disney
William Shakespeare

Holidays in the USA!

```
S A F G E F B V K S Y Y G S H B A Y V H B E
S B U C W B M A D Q J L T G H D A F U A T T
S M A A E Q E L U I A P U W O D X H P L B N
L G M J D X C E X O A R W J S W I V H L V Q
O L Y S X G B N W T C A C R F L U X W O C B
O K M X Y I H T R Y Z T E T W O R M F W X R
F K A Z Z Y E I J T H H N J S R H P O E B G
L L Z I V P C N X U T J S K T F D T Q E R U
I S D U T K Z E H O T Y O H U A V C R N T D
R T X Z S U A S M O Q D O P C K Z A Y U O P
P Z U D I Q A D O K J E E U B W A P Q I O H
A C A A Y D A A G N I V I G S K N A H T L F
A Y H C S Y Y Y F A T H E R S D A Y N G B C
L E Y R R J S S D S S V W P J A X E Y H K O
U O R Y I Y A D H T R A E P R U W I K N T B
J H P M O S T M J O V R S J V Y H K A X F P
S G A S A U T L R X A R E G E W C F R E X D
J F Q Q D M K M P J M I E A E U A P D D S X
N G R H P M T A A Y G N R T T T U Z C R K I
E P M T S R N B C S Z S M V S Z X F L X D R
X G W K I M B M F N E Q J N B A L V V B X H
D K L K Z V U R I N M K U G H D E M U D X U
```

April Fool's	**Easter**	**Halloween**	**St. Patrick's Day**
Christmas	**Father's Day**	**Mother's Day**	**Thanksgiving**
Earth Day	**Fourth of July**	**New Year's**	**Valentine's Day**

52

Holidays Around the World!

```
R V B K Q K F O J S F Y I C D H S Z Z V G F
A B E Y I P M Q M W I Z Z N A U W T W S J T
G V G P S D D A Z X B F L N E Q Q G I H X W
G O I H P X R J S S W Q A P D B A S A N T H
R Y L R O D W F T U H H X Z E I B R V S N R
S E J D I L A H U R S U B K H A K K U N A H
J F V G E F I Z B A G E B V T B S S I D T B
F I R O B N Y J H J Q K Q T F O Z Y D M H A
F A X L S P W H U J Q L B L O Y C P L I F W
S C F X S S S E V K O L W W Y R V Z F C M E
Z P R Z S O A I E A O Q B R A I D D V Y A H
C G F K R G N P D K K J V J D B P Y W A M U
D E C O E K A R L X H X G L V C P T Z N Q C
L D Q V M D D W B X D L W D N X R N J Y O H
K P T G E Q A B A S T I L L E D A Y N H E R
V U H B N R M U G E I O B J A W S F N A M I
Q J L T N Z A G P L B U B B K F I I T X C S
X T D G I F R U I Y X E Z A Z M S Z V Z E T
B O C J E H W M X C Q Q W Y E E H Y P V V M
Y A P R F F N W K N S V C F A X P L F P E A
D J X F K Q W C J A J X G Q V X P B G N F S
A N T O Y X K O I T W H Z Q D F M M U Q D F
```

Basanth	**Day of the Dead**	**Holi**	**Passover**
Bastille Day	**Golden Week**	**Kwanzaa**	**Ramadan**
Christmas	**Hanukkah**	**Mardi Gras**	**Rosh Hashanah**

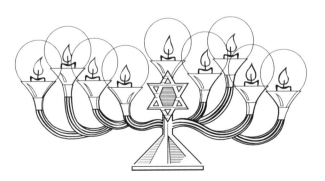

53

Hot Stuff!

```
V V Q N Z N J I E N D D B N K V A B H E N K
A I I G R B R B Y M V L O U W V E N N R I T
E J R L R K D N K U O Q P Y Z E Q X E G M P
P Z G B E T W X U W Q F D N G A V P W D U D
R O E M Q P H X D K P X H P E Z P O A Y C T
E K N H Q L J R S O B O G W S E Z B T S O P
T B I E N V Y H C T P Z K X P C L B A S W M
S O E O P E W E C Q J Q G Y P T R M N N C S
A Y G U R A T K K K G C X J D K N B S I A T
O D M P L C L W T E P O G F E B K E G D O O
T S B Y H A S A P X C I P L U G U R B H J T
V Q T O S B H U J S U N X Z G U N U E I B T
Q A Z L O L K F O A I U T S Q Y P R C C T M
F I R K R Q X K U D B F U H T K C O F F E E
D N W N X H I V X R D M P E O G W C K T A G
H B Q Y T O W K G O M O R N O T W D R U E H
X I Y S C P Z L P E G I V T J Z T U T C Y A
S L L I R G F L R E F O L Z G L U U K A Z N
A I G P Y W Z D R R O H J A M C P S B N L L
K H E B F W Q G G K J J Z A E G X X W D H M
C P F O V E S R U Q S E N K T K N L S L P A
D M I F O D L Q E C A L P E R I F C L E F Q
```

blow dryer	cumin	grill	pepper	sun
candle	fire	hot tub	stove	tea
coffee	fireplace	jalapeno	summer	toaster

Human Organs!

```
F P F T R I R P V N G Z L S N K D X M W J C
K S C F P B R G P W E F A I U I T M G J A V
E Z K H D D E Q H L D E A D B D C R A B X O
S I K C H J X Z N R R L A F N O Q Q Q O C
Z E R R M B Y G Q C B D O P N E L B L C T Z
D Q N E R K M H N X K K X B S Y O D D E W Y
D G A I S I K A P P E N D I X S N P A N P X
S U Y P T Q P E S A R O J S Y B B C F M G H
J V B Q J S D P A M L B W S Y L A U P I J K
B F A N M S E J N W U V K E A V E W P F I S
I M R S R P B T R N S I B D S Q C J C U A M
E S A P A V C R N L N T D J N Z Y F J P P S
L U F S E S M E F I U E O J L N R I U F U X
O I B G C J E V J U R N L M Z H D F J G A N
Z G Z X E V C I N P Y W G H A O L H N G Z M
S L I S N O T L P G J G S S W C F C O G I P
Q V H Y K L B D O C V U Y Y O A H H T H O Y
T F B C T D Z O V V I O C Q I I P Y E H F D
V F Y K Z I G Z A B Q C W A O I M Q L Q N T
L J E V M T W L U O D Q N R I V W L E B U N
S H E A R T O L L X O D N E F Z Z F K J V L
W G V Y K Z A M Q T K L S B C S V E S V P G
```

appendix	colon	kidneys	pancreas	spleen
bladder	heart	liver	skeleton	stomach
brain	intestines	lungs	skin	tonsils

Flavors of Ice Cream!

```
L C U W O N I Y L R L C V C V E C O R B Z U
E H A S O Z U L N V G C Q S G J E M E H E Y
X W I C Y T E K O O C Y I B C R O A T F N M
N O E P G I E U I M V A H V O N W C T P T U
V Z Y C G B V T V D A Q U S K N J L U X B Z
F W M U E P E P V W X V Z A Z I Q A B G B Z
L S Q A S J B M P I L V O T L J R L T J Q Q
M X M H E H O R Q X Z E V Y Q C W C U V Q B
R I A C Y R D T W Q K G A R V F T R N G X H
O R V L Y A C Z V A Y Q T U T C C V A Q U G
C X A X F I D N C Q A R S T R A W B E R R Y
K E S P H C A Y S C S V R A H G N J P F X S
Y N T N O J A I R E H R F E A W H Z H S E M
R Q J H E D V B A L I O L D H X E J X L D B
O N X H H G L G H C V K C S V C S B Y V V M
A N Q T D U N R C L X Y O O K O Y Z I C U L
D G R R E I G T O P N C D O L B L J L Y N K
A I K M Y Y Z B M S U F H K C A U M Y L B V
B X O M I N T U I E M O W G L D T D V U G H
V O A L L I N A V O V K I U J I D E Y H N C
N O Y I O W I L T C S X O T H H N Q O S T U
W Z U K Z X F Q B N D V S G F Y M U O M N U
```

birthday cake
blue moon
cherry

chocolate
cookies n cream
mint

mocha
Oreo
peanutbutter

rocky road
strawberry
vanilla

Icky Foods!

```
Y N R B S E V T D O I B E I L I O S H J D S
W Z M M G F L H N L B S O I S S D T S M Y P
D V Z I E T N I O A E X V E U K A U S X N I
L L M P L C U C M E L E A J H A D O V E L N
W G A E G R C R H A R P C D I S H R K D P A
R C M N O O E C N D B X G T G P A P M S I C
C M Z T R G E B N I U E K G R A I S I N S H
W L B B F G R F I O P B A M E R P L N Q Q X
T A U V A B D L A I A S W N Q A X E E X K L
I P Z T T J R M I O Q J R Y S G O S L B E Z
H R T G R A P E F R U I T H Y U S S U B M R
H O K F L L B G Q Y M K D C G S J U Q N I P
C Z Q U B H X W L O A B N P K R T R A Z K P
R G M U Z L P L C D R Z R A G M V B M U S H
S E I V O H C N A S O J V Z U H V U J P V G
S S F D G V Z R I O W Z R S S Z B O J V S I
Y K E N Z U Q O U S D L H J Q S T E E B S A
V U V B U V Y D H J N R D P A A P R P I V N
M N V C M Q N G Q U O O Y L R Y X M D G G V
A W Q H M Q I I C O Q Y V U H C N O P J C R
X T J A O X S U M C D U I L K L J Q K A F O
G S R C G G S S I U Z Q H S Y Q R U L F W M
```

anchovies	brussel sprouts	grapefruit	pesto
asparagus	cottage cheese	lima beans	raisins
beets	eggplant	liver	spinach
broccoli	frog legs	mushrooms	turnips

Instruments!

```
P K W T F V P R O B B B P Z U V T N N T Y C
N I Y M Q C E B B M Z C A T T B Q U E N Y C
X S C M S D X O O O T B V F X J V Q N M Z Q
H N I C R Y R C E L T V F Y Y I Q A B W R O
O P O O O U Q O K L M F M H H G D A B Q L K
X W C N E L Z N T E N I R A L C L W A F D K
M E U G C M O T E C L E S E C S Z E S H R G
R N I L O I V R D Z H H T F N K B Z S L A G
J V T W F Q L A T Y F R R U P C H O O O O J
V I O L A B K B Z O K S Z V L P H U O J B D
L I X G Z Y I A I D A Z H S P F W H N Y Y C
N E C N U Y G S V X T R U M P E T A O E E B
E P M E E B F S O Z T M U B E B S O Z R K I
H N Z C F M C P S P D I X L I N A R I J N L
X A I O S O H Z Z V G T E S M W O N V C M W
E D G T B O O S S U Q D W P P H P B J H K P
U O U F N P M R K H P E Q P R A H Q M O T T
N B U E G U H Q E F R H F D W W F H C O L E
A W N V R U O V X C O L S X J L P V J Q R U
G G R D W Y Y Q Z M P X V J Z Y J Y Z V C T
X Q M Q Z W T E R D D Q O V G V O F G W R J
P X V P C Z Z B E M O N K G D K F P E G X B
```

banjo	contrabass	french horn	piccolo	trumpet
bassoon	cymbals	harp	recorder	tuba
cello	drums	keyboard	saxophone	viola
clarinet	flute	oboe	trombone	violin

Types of Jewelry!

```
Z K C G M A G B I W V F M C V S H E G Q L A
S D L Y Q S A Q N I P X U W B F W D E L O Z
E D D U V I S D Q K H F L X M S E V K Z L A
A W Z R D X V L W L F D C K W H N P W Q V D
E E W G E P Y V C L E C C I P U J S H A Y W
I X L C Q S H N I L E F I L F L Y C Z T K J
Z Y J C E L S N Y P F E U H V L O M Q T G W
O E P H D B K C K P I L N T J O S W Z K V L
K Z R Q Z S Q R L Y I C Y E R U H Z E I W Z
G W G Z D W O Q C I P Q S B B L O H P F X T
Y W X Z R S N S A F P Q B G A B E I C D Z V
W Y J M Q O X S B S N B Z E Q I C L B F Z Q
M J R F Y R T B G H D K L K D I L C R C M U
F C H A T E L A I N E W H E R U I X T F S R
T E L E C A R B B R I M E H Z O P C C Y E W
U K D Z O Y E M U N A R R O U X S X B G C X
B L U M B H T K H X H X R I N E U T A T A I
H A T P I N P O L N F B W A N R F H C Y L K
U M L A Q B N T A L A L U C E G N W S S K O
F V I Z E C E A A G A X G Y W N Z G T S C H
E T Z A N H S R E X J O K W W J M I M T E R
R V M G D F I Y N Z V Q I H T C D K H J N B
```

| bracelet | chatelaine | dress clip | hat pin | ring |
| brooch | cufflinks | earrings | necklace | shoe clips |

59

In the Jungle!

```
O C A I M A N P O Z N L B Y L M M G T X U V
O Z G P M N O H T Y P N V G F Y S O G L X X
S D W A N Y O N U N X I A H G E G R N V L L
V C Z Z B R S O C O N L O T U V X I Q K I X
G O R F T R A D N O S I O P U Q V L C W E G
N P Y E F K W T S V I G Y Q W G X L L X W Y
V N G C P T O I K R D I K D L K N A J U U L
L O O Y U R O W T X A I Z B A E N A B U E V
O E N J R P G L N R O U O W J G B I R M N R
F L Y A A P F R X Z I A G R A T C O F O X T
M E P V Y D F N P I C J D A U Z B C S R T Z
M M L H A S V E L O M X H M J N R P A T T H
I A W H B C L A N T S Z S C Q K U X L N X G
G H M P S F N S B A O Y N P Y R U O E A F Z
S C R V W C T P C I M Q Q X I N T E A C W L
W X Q A Q R G Y J C U W L H N H I J Z U B V
Q X I C I V S D F W Q O R E P D G B N O H Q
D U C C Q C G B B Z H G W W O F E C S T J Q
C G T N E Q H Q L F L P H U A P R N B I Y G
O O X F R V R L U L H Q H V P J A I F L C L
R G Z O B P V W T Y X L B D D J Q R W W W K
X Y I C Q P I R A N H A O H A S C S D B A F
```

amazon	gorilla	orangutan	poison ivy
boa constrictor	jaguar	parrot	python
caiman	leopard	piranha	tiger
chameleon	monkey	poison dart frog	toucan

60

JUNK FOOD!

```
P D V T O H W C S Y H B X G H D W I Q L X N
M O B X Z T I A E F D P F A J O T X H U T B
X P P L V X C T I P J N D M M Y C L L A X C
X O C C W S H Y R O H O A Y A S Y N C T I B
U L R P O N O Z F D S W Y C X T J O Q J M T
A A V I E R O N Y V Y M Y J X G S C T P Z N
V L L N D Z N T D R G N J A N X Z X W J K O
L F C V U V Q I H T X Q C H P C H F V T X X
B G Y M M M U L J C P G P M J O Z S U I D E
T J D C U F A J C Y A X H R O S B V Q V O D
W B I M B E F F P G B U Y J S I F K M S E H
Q Y N J I N G Z L J I K H O T B V Z S R R O
S P I H C A F E B T N S E K R G V W F E P Z
V M M I H X X Z O R E W E F R F X I Y C P K
K P J E X Y B I B V R U A I M W N Q A Z H M
O K F K S I N P I H K S Q Q R E R L Y R U N
M S T V L R R X V Z P V E P Y I H S O Y G P
U U R A V D G K M W M W W K P S X W O K S B
F Q Q W N V U B C Y F B T L I U I C B Y Z Y
M G R H I I U C M D U E O K Z U A R H P J M
C H I C K E N N U G G E T S Z K T R M Y Y Z
J F P X A G X C I V U T Q Q A M J A W Y A I
```

candy   chips   pizza   soda
chicken nuggets fries   popcorn   tacos

61

Languages!

```
G M I J O I H R V N W M R T G E Y L D L N V
Z A O L Z S R Z P A N C U V H I D K L Y E Z
T E S J I F U O N E V O S X W A A L W K J X
G Y Q N O G R G S R P F S Y S M I E K M Z L
L A A K E T H B B O X C I N V L I O Q U Z S
Y P P R U U Y C S K H S A I I G U J E Q D X
S Z M G B M F G H X H F N F T R C P Z S P Q
R A E M V I H N G I X J A I B K A I K G M B
N S A H B I T P N P N E C W P E C D B K Y P
E P V S I T A L I A N E H C N E R F N A C Z
A Z J I A S A H S U P S S M N H P F K A R Q
W R I L E K U A E O I I V E V Q B Y V V M A
H Y U G E T K I Z L J W D G U B H S U J B T
X L Q N U S I I O X X M B O V I U S J Y Q G
T A W E K A H P S M U A A K Y G U C C J U D
A N U Z A B U Q S N D Q W E S E N A P A J U
H L T L Q W N K K W V V F N Z G L I Z A G V
Z D U T C H V N D C T F B H E A O O M A X K
L B T P D R Z Y G A A T I O J C L C I O C F
C G I S X X G Q R L K C R O Y V O V Q R S T
F J Q G C R V L I T T P N P B E L B F L P S
D F B K H P R O Y J L I R J D K D E G M A G
```

Arabic	**English**	**Italian**	**Mandarin**	**Russian**
Chinese	**French**	**Japanese**	**Polish**	**Spanish**
Dutch	**German**	**Korean**	**Portugese**	**Thai**

Marsupials!

```
E A H O D R C N N G R U Z K B K U F C C T P
I W H O H U X X I B L H Q Z A M L T P A H Q
O O L R L K N X S T Z T U F E M B J S F F U
O M N A W K O N H F O L K D X C I M X N U Y
C B X G X A E Z A V Z O J M L B A M D P O I
B A Y N H W G L C R L E C J S N M J A L O Q
A T L A X L V B Q Q T E W I I X T D I W L S
S K Q K I V Q C P C P G E A D Q L P W M L F
K W F D K R Z D K Z A N S T N C Q K P D B
Q K E F K I Y J P A L D E N I C A L Y H T H
A R Z V P E T B G R E G X U D A P B J Z Y N
P F S A W L Z O L V R C D C E M S M Z L S Y
J D D M X B G X I I S O G Q O K U Y F T U X
K E X W W X Q L I A B I C X P S W X U B H O
L K O E P E Q Z G A Z R J Q T S B M A A G M
I Z L A P X R U Y A L S W F W L U X L V F C
D V Q Y J X X O L D D L N I W S Q U A A M Y
O R S B K A J B M S S G M D S M F J O R O X
Q B Y I W Z H I Z Z I W P O N A J T K J N W
M S H N R U E M H V P Z P V L L O U Q N B Z
D I B B L E R S J B S O O V X T A A C E F N
U X M H S Q G I W P C X E W D P S R U I N K
```

bandicoot dunnart   koala   tasmanian devil
bilby   glider   opossum   thylacine
dibbler   kangaroo quoll   wombat

Metals!

```
S J E T B M Z T D S C J A C W A Z W Z Z S F
P S F W M Y I C X P H F Q G N Q D W W K R T
U C A L C T D D F U R I X Y P L A T I N U M
W Q S R A J L F T W O Y S C S I L V E R T J
Y K I N B O L N K G M R B Q K L D V L X F F
P Q I S G Y E G G L I U Q B L E B H A C W U
Z U N E T S G N U T U C I E H E Z F H R Y G
M N C K U H R F B P M R T D H T G B K S N G
J V H X X I Y X F U U E Q P O S V R Y L R J
Q E G S F P J D I U A M V E I H X O A J S A
C A O R V T F C P U E Z I G Y K R N T Z A R
T O V M W V L Z B A U U I M J F P Z J H U X
A M P Y I A F C L E K C I N C L R E T N U Z
M L J P C L O V Y E G S O V C E J P N F M Q
L L U W E B I R O N K U C N E A P T N Q R V
Z H Y M A R K H M L A H E M V D I J W W N C
I R T L I K K P S S J E T N I N M T E V Z G
T Z T U C N P P Y G M B X Z K F U M X F S J
L U K H B J U R Q V Y Q W Y F H S Y W N P C
L X K D A E Q M G M Y O E S F U U Q S W R P
F Q E X V D P B H J J P W Y Y P Z J R O V X
V V B J N C M T R Q B Q F W K A H F Y Z C E
```

aluminum	chromium	iron	platinum	tin
brass	cobalt	lead	rhodium	titanium
bronze	copper	mercury	silver	tungsten
calcium	gold	nickel	steel	zinc

FOOD YOU CAN MICROWAVE!

```
U F W A K C E L K P O C F F X S R F A E D I
I M V S X T K H P R T E O F B O V M F O L T
I T N Z P J T K H H A N G Z Q A G T D I B H
A H H L L Y X B E A N S C Z S S T B T F S F
R Q Z W J J P I L G L L G K J P F M O H H K
S R D F C O H L N T X V E G H G F A I W H W
X E G S P E W A K R K D Z F O E Q C C J Q X
P T L C X G M E Z D A Z J D N O Q A T M F Z
T N O D O Z X M T X G Q T E Z Y X R Z G N J
A R U E O Z U T A C J O I N I V U O W N O R
N B K X C O Y A Y B H K Y I Z W G N R M A W
K Q S J P N N O Z I U W K S U M S I V X B L
B H Z T L Z Z S K X Y A H C C O T O R Z J C
O M K R B E T R U R C Q J H J Z F B U D Q L
Z V I K D J F Y C I A F Z H K H O P Z P J B
S O T A T O P T C C T R S S F P B P E Z M Y
M F N V G Z Y J O E I B K I R H A U P A P Y
Q R U M A L N A L V R Z Q R T L C Z D Q U J
W F J F S L J H Q L E D S G H E N P L J C J
S Y I F E O Z P U Y G R L H I T J S W X Q P
I P T C L Q U P M F F F S G Z W Z G Q H T X
X F A H M H H C M F E S V U S O H R O V K Z
```

beans	leftovers	noodles	popcorn	rice
hotdog	macaroni	oatmeal	potatos	soup

65

Monsters!

```
P E S P G L X B G Y T D I Q M G A O I C A E
V V I H J T V F I M M M T E J Z U O A D H K
T O L B A C L F P G I B D R L I Q M R Z P V
X T O S M O P A A W F U S Z D L H U L N E U
T H K B W O L J B N S O P F C E R A V N Z T
P I O E D K Z M V A O P O N I L B O G Y T D
J J R O S U W W J E P F U T V W I I V P N U
F E P L S X A Z D R P C N N A H J U Z E L O
W U M I P J U J N C G G E N M B Q V K G V S
V B R P K B N R G H O U L T P H F A X N A C
R E V W S A P Q O M Q M H N I X R Q E Z R G
N P O N C F N G F E C V A H R K H P V S B V
A Q O V J U S U S K Z V E N E N G H H Y A H
G N Q X J T C L M M R O P Y G O C I X D C D
L H O Q A U V F G K I A G K U G O E Z E A I
X K O G F J U G C R B H G M R A X J K M P H
Y Q R S L V T V E E W T U F F R T B A O U H
H H E Q T Y N B O C R O S Q P D M O N N H R
D H R L H O W D S G G W D C N B W J O Q C G
C C Z O J V R I U M V N N R N H E G K U F R
V M M D L O C H N E S S X H E Z A L S Q L F
G N M G D J M R V T K A V U K Z F D Z N B K
```

bigfoot	**dragon**	**goblin**	**Medusa**	**vampire**
chupacabra	**ghost**	**kraken**	**orc**	**werewolf**
demon	**ghoul**	**Loch Ness**	**siren**	**zombie**

Months of the year!

```
R W D T V D J Y C V K B A P T H M T O M Q S
O Z C I X P R V U T I U U M L Y C E Y J A X
H V C X D A D C X Q P B K M I E N R H H Q Y
G Q A P U K F E I T T C B R O U Y R A D F E
R L P R J U L Y C I O P X C J Q I V A M B C
P M B N O V E M B E R M T P A V W H Q D R D
R E Q N L E Z H C S M O G D U D Q C U T E S
F U O Q Z B U B P V B B X Z L W M J C M J R
P D R U R X I Y W E C L E I O D U E Q H A L
V A O S I Y O P R J C O H R B O V K B Z N R
P J N R A B A X Z D I P F Q N I T F D N U E
E X M E S M N J B Y Z N Z X I R V N X A T
M A G B E A M W S R W A K I X Z O U X A R O
V D T M N T C V N G K W V H O N M O J Y Y F
R C I E K J N X M C Q Z N P W L X F R H T U
D Q U T P X S J S N K Y I S T J V F Y E L O
L B U P P I W I O Z M A B Y J L Y C X B K Z
N Q Q E O L F H Z H U Q T L K Y S H A C R F
X L R S P D V O X I K M Q I Q S T S U G U A
A U B F S K F U E R O R A R Z O Z G E P H J
V U R N T K Y Q X J Y K N P X K Y H S W A A
E W I M U I J L A J B A J A F C H M J H A V
```

April	February	June	November
August	January	March	October
December	July	May	September

Monuments of the World!

```
G Y K F Q T N K T B M A S J V A E Z B B R T
T R M R P G C L J A T K Q V N I I Z I C C Y
D V E Q M H I M C M J D X I C S F C G L K B
K W J A X C B H U Z P M H R U Y F S B O P F
X F J D T T U E B S P C A C B W E R E I H W
H F R P G P S V M T F Q R H H H L N N B H A
V S U M I S Y T E O E X U X A T T O G P I C
O V L C O U Q R L G K I L F Q L O N G Y Z L
P C C L Y W D L A D N O Z Z A Z W E B J I N
X H O M I Z A K M M U E I S X Z E H X U M Z
U C V I A W B R U Z I J H G S O R T Y W H Y
V P G T T O B X X Z F D K E R B M R N S A H
E X C A L V W X H O A Q S T N U A A B P A Z
D I E A P S W C U I T O F O O O U P U L O C
F R E N F I Z X R C M J W G Z C T Z B I B J
G H S X T H E S P H I N X C N Y L S V R Z G
U Q N Q H N W Q D T L P L N Z P Y V G P Y F
S T A T U E O F L I B E R T Y C H H D Q T X
P R X A Q J M N R G F I M L C L W B D Z L W
F L O L D G Q A F S P J R Z T D V M T Z X J
A S I P F O R E W O T V V S M H C A J L Q S
O K P T E M N P X S Z Y U N F L W V A A L I
```

Big Ben	**Great Pyramids**	**Parthenon**	**Taj Mahal**
Colosseum	**Great Wall of China**	**Statue of Liberty**	**The Sphinx**
Eiffel Tower	**Machu Picchu**	**Stonehenge**	**Tower of Pisa**

MOVIES!

```
M Z G S E L B I D E R C N I E H T O G M Q L
K A J N S P F Q T M W W K S W O G M P J K G
B D D I J Y R W J E Q K X R Y R V E V P O R
E F I B S Y O A Z Q A I D S N K J N G L Q O
D M M N V L N Q O R S N T T E F W G T X J U
D N E P S G Q Q N O X O O O Z C O N T P A P
L J P L R I Z T R T R Q S N O I N I M B T F
V A J C B L D E R Y J R G Y R X J D O E Y Z
K N G I C A H E O E W U B I F T L N I W D E
M O T O D G C S O M I F M N M E O I Q I J Y
P A R F I M B I O U A P G P H W F F J A U S
N X F B A A Q U P M T N T A L V G E G V I B
O G F D A B P Z Y S A S X O J K E U E X X I
W E A H I C R G U Q E N O N V A G G J B L P
K R P U J N F R P E B D Y E P Y H S A K F G
X A G U P I G E H O M E A L O N E T K E E I
N H J N S I M S R Z X J H U A V U A Z U C F
U L T N X N L U W G I X O M F E L R Y O L I
W J O Z C K H P G E O B H H B L Q W W E M S
G U T I Q H V C G U G D N D E V E A I N K B
C D X Q L D Y P O B S W X M I X S R V E W N
N V Q D I B O R S Z V D Y R S V B S Y L L D
```

Big Hero Six   **Finding Nemo**   **Ice Age**   **Star Wars**
Despicable Me **Frozen**   **Inside Out**   **The Incredibles**
Elf   **Home Alone**   **Minions**   **Toy Story**

69

Natural Disasters!

```
O L C Y W X X E O F E H P V U P R C X E A P
S Y N I C F Q M K J A H K V T F Y M H L C R
M Q W Z D F V Z N B R M C X H C K U S O Q B
T H G U O R D K W R T R S N L B R I N H C O
E F S T R O J B H N H D B O A R Q T C K H T
F N U B A D F F O S Q B N G I L A X E N D V
H Q J U T N A Z A M U E X C G P A Z B I X P
I J N I I O D V A N A R A M T N K V J S T E
D A L I A U C Q G T K N E R U Q T V A Y Y K
R I R T E M O G M G E H D D A K A C M F P G
N A C D N H U R D V G L V D L Q Y Z U P H P
U H I S Q O O E J Z N P L F U C H Z A J O Y
X Q K K W T R U C G A P K K I M I G N A O K
Y Y W F Z I S T U M C R J Y H O O C C N N P
J I D J F N Q U Y E D I L S D N A L S I Y H
F J K D H C G C N M A Q L T S J I J H O D U
U G L W O S Y Q Y A Q Y L O F N E D F C P W
G I T O R N A D O N M P I B Y H S N O T L T
W G P F U O S Y M B P I J M K S W N A O Y A
O O T O I F X G H K G K J W C J J T J H L L
Y K K Z E R C K M E S R T N F N C W K P L F
P C B Q O V D N L R P O J E L H W X W M Z U
```

avalanche	earthquake	landslide	tsunami
cyclone	flood	sinkhole	typhoon
drought	hurricane	tornado	wildfire

Natural Formations!

```
S C K X W Z J V T Q Q N J T Q C S A E X Q U
H A G I R V A Y H I L L O I A K H L K A H V
T V X L C Y A Q S K U L G N I F O D A S L R
R E U D L C O Y Y A C Y Y U R H R M L C H E
Z E L U I Y N X E L Z O C E C O E J Q G T Z
G E V E P A C T S A N B E A C H D X G D L D
L T J I N D A G J G B W B C Z K D E H H N T
G Y O K R L G C Y O D R E Z Q O M M L O C M
A B L Z P B N F J O C J X N I A L P P T D C
W G T L L R F G A N B G B D N P X G P O A A
C F D U U I D J X Z H K T S E P Y A R U H O
T Y F C L G C N A F M D F W X M W W G A W I
V F O C U E Q A I L U B Z K Q R T T S D M G
J C I C V F P E R N U L E F Y V W U B V V N
D E N I V A R C E S E S I I K T Z P D D H I
N C I O F S L O S B Z V N F A J I R A D X A
V L S Y W B Q L X A T N V I T E H V B O N T
I H Z H M P V P E W L C U S N A S J E E C N
X G L A C I E R Q Y V D B Q S E B W O A H U
X J A D D T D A H G B M R F A P P Z H W Z O
P K X Z I A R W K I L S A E E U H F Y Z N M
O Z Z N S H Y A H P F A C B N J I O J R E I
```

beach	cliff	hill	peak	ravine
bluff	delta	lagoon	peninsula	river
canyon	dune	lake	plain	sea
cape	glacier	mountain	plateau	shore
cave	gully	ocean	pond	valley

Negative Characteristics!

```
C T F L X R R M T I M L D Y K S K L A S Z B
L I U B L W E E M E N X E C L Y H I E X D A
G X T G P D U P I O U M C N M C O E V V E H
S K G A Q L A P P E J E X A U X G I G N R
F S L J M T D K G V J J P U V S D E T W G Q
K Z O G I A G R I G E Y T O U X T N I B D J
B R W E Q C R S E O Q Q I Z Z H A N S V M G
O N N B S S S D R G B N V E V I V I N B B G
J T U K A E C U O V S N E M N I R H E M O M
I E D V S D P W Z L Y Q O S I R R B S U L K
P B F S U O L A E J E U T X E E H I N D J C
J Z O Y F P S Q O Y W M E S I T M F I S V T
J P I R R A T I O N A L P S X O N C N N S T
D H P P J K C X K V N O U O E K U S H O Q Z
O W Z P C D M I N J N O A A K A E S X B Q W
U U L R S D B C Z S X L E J F N F S A T X T
U Z R A M S H D I S I N J I V M K V S S G S
C Z R H C V O B C I T S I S S I C R A N L O
Z T D V K C L M Y A R V A N F J Y I S E F E
W Y M B N E P C R I H S B W W V I H Z P Z T
M M J V C L K F F T H F W Z G S S B P D G E
I W P T U C D R X L C U P M Y T N P K A X G
```

deceptive	insensitive	irresponsible	melodramatic	obnoxious
impatient	irrational	jealous	narcissistic	possessive

On a Boat!

```
W G T A F P H S V N V H Q N Q Y B Q L F F L
I P I A I D F R N D Y E O L A K R S Q Q F Z
L J U R T E Z A Q M V L L S U X P Y O A F M
C J S M A P P O L T C C L H Q L L E E K Z J
L K M Y E H F O K L H A I F O N E K W I C Y
V D I P R Z I Q R O D Q V G M W C J T A Z D
T U W A N M S Z H N M S L I A S I O T J Y N
M O S N Q U H T A M S B P D K M W I O C P J
Y D P C L P I S C O M P A S S E A T D L W Q
C F N H E D N E M T A Z Z Q L B K X I S E G
T I G O L U G B Q C P S L E K E K N F Q W R
Q S K R Q I P I L M U Y B R U I C C B K V L
N M E H M Q O S Y N K H V Y S N T I F Q C O
D G F V L X L W G C F R J N E E R C S N U S
B U N H E D E L K P T E K Q Z R I T D R G P
C T J I T F A O W I L K V B Q E V T Y I F Z
G P E B F S I H V Y J A Y O Y N K T Y B N P
C S H K S N C L L J V E P U Y U W X J M H Q
I H B E W K I O Q I B Y Y E E R Q P P Q M K
S F S M J V U U K E O H V R I W X F R X R K
Q S F A Q S I L Y C C L N C F Z G Z O G A E
T R X P T D J R C H A T N F J U K C L I U C
```

anchor	cooler	life vest	sails	sunscreen
bait	fishing pole	oars	sandals	swim suit
compass	hat	rope	sunglasses	towel

73

OUTDATED TECHNOLOGY!

```
B N T T P R T S K J K X H R K N I D U U N X
C Q C B Y O C R O A I R O E D B U T N L G S
R E X S C L S X Q M D H B C F D N F H O M X
U K D R O L N Z Z M K L F O B Y E H C B H U
P C X A Z S C B A T N I R R O W F L C K K F
L K W J C O J S O L M Q R D W M D U Y W A Y
G E P R V F M X I A F Z W Z C H B M Z X V H
X K R P R F N L C D Z L K H J J M O M S N D
U I E H Y I F U C L Y F K V G W S A X R T N
L J T F R L V H S T A P E L H C C L K B B Y
V B T P E M A D P Q L S P L P H I Z B N K M
N P E D U P S V O W Q M V O I S F J N B H F
D V S H P Y Y R J Z P R B N L S W X A W H A
Y W S G O E U E W A G U E N C F X A M G O D
C W A T T I M H G F U E V J V F D J E E I
M Q C X W T D E Q J Q S H F V F C B N O N W
Z P I E G D R R E T I R W E P Y T O Q L F J
A O S T G V Y J N X F J J B F J H P Y Z E G
X M M W P Z N H U D D P Q P A P H X A F S V
X Y W V B N F Q E T B V P I Y U L N R V S D
W H I J A L X P U C L V Z A F I X T X L H V
R P O C X N J T B D L U P D H D P J B P Z E
```

boombox   fax machine   pager   record   typewriter
cassette   floppy disc   pay phone   rolls of film vhs tape

Parts of the U.S. Government!

```
S P B H U A X N E A W S Z U M S W H C Y N H
V E Z C X D X X T W U A W M F P N O R M P O
T O N C J O T C R P V P R X T L V U Q A G R
M N P A P R W N R Q D P D U F D M S B V N D
B A E F T B H E S Q W F G I E F Q E B K I X
Q U J D Q E M E I K S S O H N Y A O S G F H
D K R G I E J S B K C D G T U G I F M Y V V
N H P J C S S P J G Q L K P L M X R O I R X
W S D O J O E Z T J Y O Q X C D G E N C W F
N Y U S I B D R M L P J W N Z N U P X Q L M
N R Z N X P Y T P A N N B E Y W K R C N P J
T D W O E T Y B F Z D V Y W O V H E N G M N
I Q C I M F Y R N E H E V I T A L S I G E L
N T C T B V N F V T S V N L B T D E W K G L
W Y D C G Z Z I I I G E E T G N H N C M H L
I A I E T J T D M E S N L V F E P T T U H D
A O J L Y U O H M C A O B O E K U A H W K H
U D E E C W Q G D I K Q I T U Y J T F J A F
X X B E N Z V S D N L L Q I E B D I B Q W L
J K X J U D I C I A L R W N S S D V P N S D
B E E X I F P Z F U N N B G X K M E N U G L
B A I L Z S Y U P E Z L K T K G B S T U X X
```

elections	judicial	senate
executive	legislative	supreme court
house of representatives	president	voting

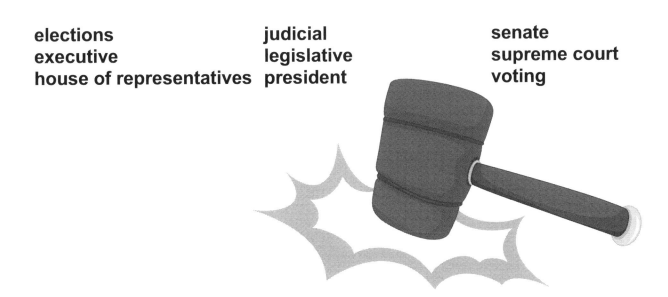

Pet Names!

```
Y H O E X G U D G T X H S W L L D D C N V F
K N J L F Z Y W W X D A J J W S A A U S R O
W R N R I R C C G N A S K H N Q R O B Z E N
T L S U M E I R Y I Y D W A V H L T M Z Q Q
J V W U H J N P L J B X Y E U C I Y S A B K
O F Q H C A I E Q B L I C D E B N K K D Q E
U T L V V C Q B D N G R A A S T G O P P K S
V X N M M I H F I B K A S N A B I H U E K A
X C H P S K K R Q H B Y I Z T W A E V U M E
P Q T G C M N O X I M S K B V M V B S K K K
B G I E U L V P T G P W J L D D A K Y U U P
E C B F J O H W T J F K O I U T Q S X S E D
R A F M T A Q Y E N O H C Q L G T O I R M Y
B I P R T I E C J F P S W E E T H E A R T K
N T V R Q J U M M P D L S P I W X T U V E C
X W Y Y R T G I U S N I I P S Q K S L H U U
S I C G Z W U O B Z V M J V E E K P M R W D
U O T D S V B E C K I L C D D F M B N C C W
F R O C Y S G Z W H J A R K Q N K R U P X I
Q D K N D L H X C O G H P D E A R N R C B N
P S N T N K A Q U Z Q E J V J G K G T O O V
E T T G C Q I C A V F E V P M X O Y A A H U
```

babe	darling	ducky	hunny	sweetheart
baby	dear	honey	muffin	sweetie

Periodic Elements!

```
Y H T M Y Y H T U L I P O N J D A F A O R O
N I T R O G E N E J P Y D T L M H Q T D E W
E N I M O R B M Y L B C M O E O F F H V V C
S E A B O R G I U M L U G R U H O G A P L M
N O U H N N E O N I N U C A V G L Q L F I U
D O C Y E M M T L I S U R M U I N E L E S P
P M G H U L P T T P R S O I V G E V I O K I
T Q T R L U I A E Y N N A B U B V D U R Z A
X K Y A A O L U A L O N W H S M I E M B P K
A R M Z C P R L M B U Z J B R J J A M F I Y
G D V U O D U I R R R N O N E X B U I W I R
P I I S I M S A N A P B B E H O N D Y E F R
N Q F W I N C W D E N I M G H I O X C I V Q
M K W N T M A O N N I D O O B D C P S R E J
X J I K C Q N T P W O M P R Y L B O X T P Y
N U O X Y G E N I I D E U D N X T T E G N B
M H D L Q U G L U T I A S Y Y W G A P N R D
O A S B L I C D D Z N I E H Y A Z S G Y K A
Z Z T F X H V I B U E R B C C R M S T R V E
Q T Q A Z I D F O L Q I Q V Q B M I U V V L
O N Y M O T Q S N I T Z A I Q S J U D T M Z
B U A N A L R C G I O V V M V L E M X H A U
```

aluminium	gold	lead	platinum	silver
argon	hassium	mercury	potassium	tellurium
bromine	helium	neon	radon	thallium
carbon	hydrogen	nitrogen	seaborgium	titanium
chlorine	iodine	oxygen	selenium	xenon

Pets!

```
H W N U U X H H B I P F I Q R K U C C X A J
O A S N T A H E J U I C K V Z C D A S G T Y
V R L G C Q S R K S Y G L Y Q N V C H O B O
O Y S R J K T M H O Y Y P Z A V Q Y L G G S
U C U W F Q O I R E T S M A H V Y X H U X U
E G H C F D A T F D C O U B K N L P I J U F
A K D I F S C C E D I T I E J K G N W Z N M
F L L X N A N R F L N U L G U Y E F G D I O
Z K N Q Z C B A Z G T H Z Z M A F I S D X U
S E G Y T H H B K Q X R U A P R A B B I T S
U I J T E F E I N E P V U I A M P N C P F E
P C M R R P M D L N U R G T D T R P D Z S R
C C V F R K V Z X L V H O L P X D R O Z X Z
B U A L E L U W S N A V X A L Y A J Q U O W
O D I L F H Q Y D S E I I L I Z Y Q L Y M T
A P X T C V X V T J W K Y H I E N Q E O I A
M G Z I Y P U S P Q G A T L X F C F E A A C
D R I B K O V U R E Z U A U Q O N X X I Y Y
X X O Z H T H E W R W B S V M S D M U G K I
S Q G L Y P U N K B A H G G O X Y S Y H G S
P V O E K E G Y P K L Y F O U R K K Q H N L
O Q F J A W G T V Q M S H L D O D I X S E W
```

bird	dog	guinea pig	lizard	rabbit
cat	ferret	hamster	mouse	snake
chinchilla	fish	hermit crab	pig	turtle

78

Parts of a Plane!

```
H V C X V V R U W A F O Z X K B V Q O T P D
U Z F L P O K G L P Y U Z N Q G C F Z J L G
N O R E L I A N U G T L S Z Z X M E X P G E
U D F S H O Q R T M A E V E V J G J S A W S
H X Q E Q D R M W O H D Y V L B F K J O O W
J W D L Y V Q R G L P P T I P A H K R I N X
T D D E S U A W W O O E I Y R F G O E A L D
V I K V Y P T G E N U S X E A N J E D Y F V
Q M P A C X R H A I B R L C W Q J Z D N R K
M O M T V X D C I O I L W H E E L S U M Y D
L Q B O G X D F C P E N V G N G O L R N N W
W L U R K T P Z X P A N G M N O X A G N I W
K P I U H D B U O D N L H W Y R J T P B Q W
C S M Y G F J R R E F I L B E G H S F F C C
U N F U U O P J V L J C A L M E K B M S M Y
Q B I B X W H R A D O S N Q T J N Y C W K C
B O B M K P C P E C D L S E M W U R I X G A
M R C D J T S U K L X J E T E N G I N E Q H
F O A F D J O P B K I K A B M D F T Y Q H B
V N B K R K I Z M E T O L W Y A H S U S U O
G H N K E T Y W U U H L P L X F F T G L B Y
Y W K K G S C J R E N A I S K F Z L P P F T
```

aileron	cockpit	fuselage	propeller	spoiler
brakes	elevator	jet engine	rudder	wheels
canopy	flaps	nose	slats	wing

Plants!

```
N E B N O B C T C E E M T L T D J Z C Q I M
O S U T P Y L A C U E D U A O F L A X D I D
I Z K G O N K L O Z C L A O E T C W H Y M G
L S D U X B H X V T F M W H R H Z K O R C N
E P V J X G U A U K E W W R S R W U Z S A S
D O D V R V B F D R O W X D Y T S Q K B B V
N A C K S B O T M R L L D S X W H T I Y B H
A H V M Z L Q J R N O T T O C M R G Z I A Q
D G T E G B J A Z Z Y Q X L D W C I I K G K
R G W L A G K U X Q Q H X L S Y J Z O N E V
G C H M T E U G W B S N G H S T D K K A U N
Z T B N I V S A N L N B M P O Z D E C Z R B
B O R O Q F U C Z O I B T S M M L L T Z H E
O E Y N S A H A S M V P D H H G D G B Y K V
F K Y K A R V X M T Y O E L I S J W B Y R D
Y K F B A C O D R U V K X F P S L B B C U Q
U T N I D V I H H R A G W E E D T H K X C D
B K P X E B U E H M P Q N G F H D L Q O Z D
U C X C Y T T J D H J S L Y X G P P E P J V
I R Z W U R V S D D E D F Z D B X P K Z G T
R I Z I A K S M T V Z M K O W U Z D J U N C
C A T S O Y G W J X P K P K E X J S U S Y D
```

arrowwood	cotton	fern	ivy	ragweed
bamboo	dandelion	flax	moss	thistle
cabbage	eucalyptus	hemp	nightshade	wheat

80

Positive characteristics!

```
F P H C U T D W Z I Z C J U M G I M U M Y R
Y W D H S K W X T T U Q H O U Q K I L H G E
G F Z E H G T O X E N A A A O G T T T T O S
Q C N D H A L Z Q T T I G P R C L R Z F R P
R O U O U J C Y X A I J T V G I O I L N R E
H C F E R E S P O N S I B L E W S X U I T C
Z N H I Z M X M Y O M L T S T G D M Z Y X T
T N E I C I F F E I J Y U S M O W G A G G F
S D V U D D Z B S S U H U F P O S T H T S U
F W A S F O U T Z S A R M F E Q O N R N I L
J U E Z U C I Z M A T I L J X C H A M L Q C
Q D L E U C X J C P E D Z S J T A R T S P L
T T Q F T X U Y Y M W W H U A O F E I U G D
N J I Q D L Q R N O E G N F T P M L P L U P
K F F G U D J J V C E I Q A X K U O Q W B G
D F A T R N M N I B T K B C B J J T N T M W
X K Q I O B O B O Q O D L V M C O P Z I Y S
J I C G X I H J U H R H V A B P V N N U X P
P Y J U S V L O N D R R X Y I T C P Z E V P
Q J A Z V A Q T C U Q R C A R I N G H N G O
B Q D L Z F L M C K R V H M Q O O P T Z H O
O A C T N X L R X G A M H B Z R V J Q H E T
```

caring	efficient	peaceful	sweet
charismatic	honest	respectful	tolerant
compassionate	optimistic	responsible	trustworthy

81

Prehistoric Eras!

```
C Q T U D R K J S S P W H V N N T K A Z C I
J G Y O T E U D H R O V E A O E R D B P A A
X G U K D R N K O U R E I X A E I Y T K R C
C O K Y A H Y T Q R I R H G M N A T N J B L
X G Y S U U E V Q P B E O Z C E S C X X O W
P I S H D R S E H M M U Z V J G S B U Z N M
F I Y A O A O Z A Q F J Y C C O I D R C I S
C O Q Z N A I C I V O D R O O E C K N W F T
J H O C U K B H C F S G E L N L X S C R E G
L I C Q S V Q Z W Z V O T V K A Q I E F R B
C O I S Y U A U Y Q A W V Z O P I D K L O U
I G S U K L O G C U J I H B E N G W T D U R
A J M L L T J E P P T H J Z X K I U U N S K
I X F M X Y F R C A P I I I K B U A D P W O
O E S N Q K Y J U A I J L L V R T F N N T G
W L T H W K C K B E T E V L T J C P Q W C C
P R D B B O U F F I N E V L D F Q C E J P Y
R A H A B K D A U D C E R S D B X V N Y H X
U R P T H R Q T E N S V G C J X Y I J P Y I
M A O E H V W G G T T W W O U G S Q Q K H T
F O Q N A E H C R A N O K K E Q F S C E G C
O Z F F V S S I L U R I A N T N W C I A X W
```

archean   cretaceous   neogene   proterozoic
cambrian   devonian   ordovician   silurian
carboniferous jurassic   paleogene   triassic

82

Professions!

```
V O D X D M C E G R T P P R T X W M Q T F S
C W S V V P A S E E X S E R D S L L N R W G
P G P C Y T Q W K T I E I H O B I A U A Y E
X Q X H G Y K S F H J D T M Z G T T R Y S D
U T H N N Z E B L G A D J K O N R C R R P E
R E C I F F O E C I L O P G U N H A U A Y R
S T V F E H N F H F A M Y O G I O N M U K E
X U S R E Y W A L E U I C O T H D C T M R T
G R R I X A D J D R S C Y E K T C N E T E I
W J V G G Q Z D Q I A E C D E N T I S T A R
S F B H E O H P O F X T N A I R A R B I L W
F V F F W O L K A J U P U L X L W R N N T D
B P Y D B O N O I P L K Z H O S E K A X O P
G I O Q Q R M M H P M E L A U E U B I W R E
E A L D R D C U R C M G X B N J P A C N W R
T Y X J H L H Y V F Y W W I J D B O I N N F
I N K R R D M S A D U S G J O R V F S T T O
A S T R O N O M E R Z N P C Q D C P U C Y R
A A S A O I B D Z D E Q T S M G Z Z M A Y M
I B R I J R A Z J S W O X P K D N S L D F E
R R B V Y S N S Q B R S S C H L T X P Q E R
U O C Z A E K R A C F W B F L V N G H H B A
```

accountant	dentist	firefighter	nurse	psychologist
architect	doctor	lawyer	performer	realtor
artist	economist	librarian	police officer	surgeon
astronomer	engineer	musician	programmer	writer

Punctuation!

```
R E H Z S K A F W C V I F E M K L L W R O P
D O I R E P R M N R X W X B D Q Z H F D X V
P F I B S Q V A M M E O R L X U T X H Y F J
U Z J F U U Z Q M O Z F E V C O Y T C M H N
N K H G I G A O F N C M D H G T B S X M D J
U N D E R S C O R E O H L Q X A P F Z U H L
R T O N C Z W V N T S I K V G T L G P A L Q
O F Z B I X C H I A E V T V L I Q S E R L K
B W Q S Q R X H D A R X N S W O M I K I U K
E T H J U N L W Y V A M Z A E N X S C X M B
D M A B M I R O X X Z P G X O U G E C D U G
L E P D A W K H S C N B U N P Z Q H V F L E
W Y S N H Y C O W E P F E J C X V T K I H U
T N I O P N O I T A M A L C X E U N Y P Q C
L R V U X Y H Y X L M I B O U Y Q E O D X I
U D B U T D N M X O Y R C B O Q W R Y C M D
L G J R H I O X K C A E P O Y R T A E X O R
W U N W U Q M G K C O N Y O L S X P J B E E
L M O M Z Y F T K Y I U E O O O W E F Y K P
Y G L P C R P E Z Q D I V P I M N V A V D C
Y Y O F S W T G P C F V A C Z S E S J C R P
Y C C Q B R T N E M Y G H O C D V L F S P U
```

apostrophe	dash	question mark
bracket	exclamation point	quotation
colon	parenthesis	semicolon
comma	period	underscore

Recyclables!

```
C P E A N B O Z M B S W F Y F U C S A M D G
L A I M J M I G A B N G P W L T K V N U T P
C U R A U F C T P D A P A P E R K H Z M D X
X C Q D D N T W M W C U A W G H V P S C C C
Q L O B B E I K K J P U E O S Q C T R F D L
I K P R R O L M N P O X X B L B N D P Z C U
S J A I K C A X U S P K A H N F X U X U E C
D H E L G S L R K L K L L Q G S Q L A Z D O
F S F G C E O O D K A W H O F I O A G D F M
T E K S T Y W G R W N J H M L M O B R Z R P
D P J M E I R B X R G U N X S G E G Z S Z U
G Z Y Y Q U L F N P P H V K I B A R G K Y T
E B Z H E F J V S P R U H R H R U W V C Q E
A L D D I L N B K W Q S N Q J W H S E J K R
V S O V Y L H Z N R B N Q Q L W P B N O P S
V D N W W P M W L N A S P B N D W G B N I B
E G J U C N M P J W D V F S U R U R A H B X
E J L B Z K I G N I H T O L C J Y B I G F J
W A T E R B O T T L E S D Y K X A E Y W M Z
D U T J R H A O K I L W C L W I H Q H N C N
A N P Q A R C H O S B P I I R V U Q F X P N
E M S R F C A W Y N I M K B B C C B Y Y H V
```

aluminum	cardboard	computers	milk jug	pop cans
batteries	clothing	corks	paper	water bottles

85

Religions of the World!

```
Q M G Y Y I P H W R J N B F V K M J R S H N
H X X L K F J G R M U M Q G J P S S X C T Q
B U D D H I S M S J D L X Z M S I O A T B D
P S Q K A Y Z I O C A F T T H Y C Z A A F V
U B O Y G J C H S R I L B Y U Y I V X L Q C
L E Y H W I G H V H S Z P W I W L J M U S I
Q T B A T N I E I Q M W B K R Z O A S I O Y
H R J S K N K J V A S D X B J H H I H F K H
Z T O A T T P B D U P U P Q X V T Z G B S S
D N M O C O L J N I M T J A R K A W N P O I
G T M S C V E W C M I G H W T B C U T A G Z
M H M T I F A O V E S X R I J M C A R M F H
L B I T V N N G O A N P J C N W A V P C U W
A O J K W Y A R J R R E W L W D M Q G G C T
F Q K P N L Z I A X N D U I G M U L Q V F Y
B X G F H J T J C G L V M M B Z S I O Z D W
R Z A P P J Z T F U M V U A T D I A S V T G
E X D G A D I G O D F T B E L H O F G M C K
X S D E N K Q F C A A N Q E U S D F U E E W
B Z H D L M E M S C H U O D Y O I M P D N M
J T F S S Q Z H V X K Z X C K J H V L G E A
Y T I N A I T S I R H C T W Y Z E T Y H I H
```

Buddhism   **Christianity**   **Gnosticism**   **Islam**   **Shinto**
Catholicism   **Confucianism**   **Hinduism**   **Judaism**   **Taoism**

86

Reptiles!

```
Z Q Y X N K Y H C A K X T B S M S H V B Q U
R M P R E Z G E N N L R D C H U Y P H P K V
A K D G F W X A X R I L Z F J W Z R R A T F
A F L J V H U H C H D Y I N B Y R G M E M N
T H O C T G M A A K P U T G J L X O D W L V
G O E H I Z D O F J S Z W Y A R Z H R V Y V
C M A T J A S Y V N K C J L I T G F A X X Y
G T W Z U M Y D J B O Q D L P V O E Z N I H
F F S T D Z C R N U E G D D C D A R I M D S
I S N U U M W Z X N X P A X B U Y I L R K R
M M L N L I C H D K O T U R T L E A V D C L
K P D P P K T A C G D I E W D Z J Q B H C J
R H P F H C N W P E T C G A G U I G A X E M
U S F G Y Z K W S C D R U A Z K L M S N J A
T R U A S O N I D K H O K A W W E H A F H Y
J I J L Y Q Q L V O R C X V J L A X Q R J K
B B O D A V S K M T N O C D E N C Q Y C P T
G W X N E N V N G O A D O O I R U C P P X B
V Q Y Z M X S I A T K I N N I V F L S H X C
U E G L U P G X I K I L E W K F E F N V Y G
R S O X I J Y Y Z B E E Z W L I M P Y F A Q
W J E Q N P A V H S R Z U N K O S Y W E U H
```

alligator	**crocodile**	**dragon**	**iguana**	**snake**
chameleon	**dinosaur**	**gecko**	**lizard**	**turtle**

87

Road Signs!

```
P J H L V E R Y P B U P V F A R U D D F M D
W E Y O A Y V T G A J Y M I A T N L E F Q D
Y E D I O J G O S L L P Z I Y J D E A Z P W
I D N E H U V L X E D D L D U Q E I D B L X
Q F R J S A D N O P A R K I N G R Y E B E Y
G A P E N T N O D H O E S F L X C L N T E B
J C P G K O R K W A H Y V Q F W O T D K C M
K Z A T U M P I D Y K H P D Y K N I Q M Z I
T M C T W O V C A K A B V M G N S M T C N N
T I U F T D R N U N M W E O Y L T I O W Z T
O R I S L O A X M Q C S E Z Z I R L H J O K
N P Z L S W Y O T M R R K N B U U D W F A Y
G N I S S O R C R E E D O J O A C E Y L L F
F H I F K Q K O T G W P O S B S T E Y J N A
F N C W O B M N N F N A C E S D I P Z O A C
G V Z Z P G E H A G E I Q W F I O S W B K H
S I J J V T F E U L W E D J K G N Z F A F C
K C F S O D R K K H Q A N N D Z C G O C L E
M D U N S E K I B O N U Y S I K O D D B A W
B K O A X W F A N H K J H V O W T S G L Y X
P D Y Y M H X E U O U Y L Y W H X I M Z M E
S R O N A R A C O K Z Y I R R N V U G W C R
```

dead end	no u-turn	stop
deer crossing	one way	under construction
do not enter	pedestrian crossing	winding road
no bikes	railroad crossing	wrong way
no parking	speed limit	yield

Rodents!

```
C B C H A F I Z F H I K X M H H H E I L X W
D O R M O U S E F B I E A A Q E L B E F G P
N G D H O C D Z U P K J M I I O Y R P Q I Z
Z L J P B Q R F S M Y S D A N F R C M S L X
J P L Z D P S K E R T G X S E I T A V Z K Z
K Q P I E R J S K E S S C F U O J P U L L L
L S T F E N T D R V L A Q Q Q F F Y S O I T
V N R H A U K A R E K N S Z G M B B F D N J
L I P E J L R K C N M H L R W Q W A B R Q V
V O Y R V J L C O I M F I I H C I R X W R X
G L A Q L A W I G P N U B C I X Q A W X V M
U T M O U S E V H U C O R B W Q Z T C L R C
V X D K H Q X B P C M Q E O B L V P H K A O
C A X O I U L Z L R N U G Q I T Q Z B M P Y
A F K E K A N H Y O E I R A E D J T P N G P
O C R C I G E W L P W N H I Q Z E A D R N U
U S L X Z S F N E A U N E C D D I A T N H N
F G C G R D F O U I P E N O U A Y X L J B Y
H J U X C X I Z Y G C V N M R G Y P K F T K
G N I M M E L S G X E A X M A W L G B C W P
I S H V F J K O H S C K W O U A N O I E D Y
U G T R C B K T B Q F U T O X U V H G J K Y
```

beaver	coypu	gopher	mouse	porcupine
capybara	dormouse	hamster	murid	rat
chinchilla	gerbil	lemming	muroidea	squirrel

Rooms in a Home!

```
G M V N J R X Q J T M M M B E U X W M W C
M L W U Q Q O A F H O Y C N O D I N Z V I O
W I O W C J V D G O B O U Y H O H Y Y B P F
S G W D Y L T D R D T E L P E P R J N R S R
B A B L M Q O N S I O R B Z T Y X H X D Q R
L M D C E F U S H W J D F C H Y C N T F X M
Z D D T J S V C E A H Y R T N E M E S A B I
Y D U T S Z V D L T Z A A F K M O W Z Q B A
B E D R O O M E H E W C V X S G G D X N F E
F O O C U Z F S O L Z L S T C K F I I X K C
L J L R R E X Z S H D W U X G X U S S Z M D
F O U M M B P P G Y T Q G V K Q J L Y W S G
Q B B L N D A U T R D A R D G K L D A J R Y
W R O D H C S V O Q K X D T S H K Z W C E O
R C B M E T R G J Q L B W Q F R Q U R E T F
P I F Y I N M R T V C M A W E C Q C I L N K
Y M Q K B L K M C Q V T G X E W T Y A L U C
X X T Z K J O X P V T F D W U M F A T A F R
L F J K Y U P W I I T S A O A G N Y S R L I
I O S O B S O D C E Y J M V W Y W R T L H Y
W T S W M W R K X U T A S L Q Y M A K I N M
U G X F A Y G U R Q H J B P M B Q A X A K C
```

| attic | bathroom | cellar | crawl space | study |
| basement | bedroom | closet | stairway | sunroom |

Rhymes With School!

```
P Z Z E B J W H L H W Z O U I D V X G S I F
G I U N L R Y E U W S G T L X D C V O T Q F
N H R O R U W V W R L P F U X E Y P T B H Y
U Y O X J R C V S V Y H T Q A B Q O R X Y N
R Q Y U B P N I U L A T Q S B I E J R G L T
W P W K L R I J D V P A C I F Z B M D L C C
C J I P H C N G C I N V A A I X L S Q G X I
W K B J T B K J Q Y R N E D Z Z D F X A Z H
V J Z G C A R K D U F S B V O U K D N H B S
H O P D B H S L R M M H P C A I Q E A C Z N
C M H M T P G Y M Z J F E L Q L P D W M H N
P Z D C T A O J J B H A A L D O F I N F I W
L X F T O Q S F I D P C L I U O J D N S P N
H V J K L K V P L V E O P Y E F X E L U M Q
Q J I R L B R Z K L B L X I L K F F R U D K
O C R U O N Z U L J G X F T I E A M R L N P
X D F H O B Q U F W L E X I Z I O J E W E L
M O Q N T Z T W N R G E L U P F I P S R Y A
E Y Q G S T V X V C A W S M V W V F W H Z M
C L T Q S X F U X R U Q K D Z W T I A H D N
W W U F Y U P Q A T M Z I Y U Y F N Q S E Y
S W Z R A G D R Q K S A P R Q D Q S Q K G U
```

dual	fool	jewel	ridicule	stool
duel	ghoul	mule	rule	tulle

91

School Subjects!

```
S A R Q E W Y N M Y W T A U D X C J M X D M
E C E O C R S Q H A T I B K W G N N K I O Y
A L I C O Y V C X J K G A L Z G G L G Z Q G
S H N T X S N T X Z G M C N V Y N B A B G Y
O G S G A G U E C E N G L I S H L K D V I O
L I D Z Z M G T I R F A J N D W I M X W M Q
H T T W V Q E X E M Z K M L P A L M Z R J O
R B C U Y P N H J V N D T I G R K U Z L I P
P U K H G O B V T N L X A S M W D T P J Q T
O H Z L K N K N M A P H O L Y V U B J C Y N
F X Y S B I P S W C M Z O L R S S E C E R K
N E F S G J P J R F R B Z Q T X F G U U Y I
C N V K I E S I R G F A I L S Q B T Z T Q O
E O G O E C D K T L N L H H I C V Z Q A S Z
D Z I C Q A S K H M L K P W M S N O D M H O
I G H B I G L A B O E A Y H E C V S Z G G V
S D R T T R C K F E B H M C H I M T E B T R
L C D H P B C M D R F A N P C E L Q B J H A
M P T I P R K I D G D C W L K N X W S B Z V
F R O R Q S U C S F P N T V K C J T N J Q V
A U S T R A E G A U G N A L H E X E N U K W
H Q Z D P H C L X B M F G G X I L R B T R P
```

art   gym   mathematics   recess
chemistry   history   music   science
english   language arts   physics   speech

Science!

```
Y W D D F K S Y L T C V B C I K S K D C U H
M R L U H K I Y G Q W N K G H R Q L D E M E
Q X O W U U S U K O T G S Y C N Q L D S I Z
H L Z T X F E Y W G L G R O B R I V C J E V
S V U X A A H R D L U O L C E Y Y Q L P X J
W X C N B R T G O R E W E R F Z E A M O L K
X P E P H I O L E H M J W G K M L P T I R Z
O G L H F Z P B T Z E I H C U Z H P B Z Y X
X O L I W S Y H A A I D Z H O G E B J X I P
B E Y Y W G H C G L T Q K M A F S S K R C S
C H E M I C A L S A V T H C X X E C S V R A
S T N E M E L E K B S C Q D H V H I C N D P
Z F C T I S K X A J D T T Y O Q G E I N R Z
M P O X V C L M Z N A T R L Z L Q N S J Q C
M U I R B I L I U Q E T U O Z Q H T Y Z W Q
N C N U R T L V R X S T O Y N P N I H X H R
V I R U S N O N R I I M C M E O I S P C U Q
K W S F A E M E M O K H R H M E M T C G C Z
R S K I G K F E N J W N C J G J E Y P I E T
B L I R B L H V G N Z T G V M D I V Z L O D
F M H O H C L E Y F N N F X H W M L X U T L
S D P U K B C Q X V I N U Q Q X D N N U C X
```

astronomy	chemicals	equilibrium	hypothesis	scientist
atom	chemistry	evolution	laboratory	theory
cell	elements	geology	physics	virus

Parts of a Sentence!

```
U X H P V L W J G H K N Q Z U Z S B C M A I
F U F T X Y L H A V O K V N B O U R X V E T
N I B A L L E R B I J P D S N U B E R Y P P
G O C M D I J S T Q N W Z W F B J V X O Q K
I G I V D K H I E S U A L C K Q E G Y Z O X
D J Q T D D S M O C L D A R G K C E I X Z K
H N V X C O U F H C S G E N X I T N E K L M
S U R Z P E T I E O E X F O C Y T L K D B F
J R I E A E J P S O V N R I M U K V B H I B
P H R W A E F R L T Y M C T K G V K Q J I R
V P F A K S M O E A L A Y C K T N D A Y H Y
G K Q Y H E T P Q T D L I N W F V Y Z E R V
O H X L Z J X Z X V N F U U N D G S T Q J T
W Y T S Q S J L E Y M I H J G G W O M P U E
S S C A K U L R J G G D F N F M X G B W A H
Y N K L R A B H O W E R A O X C A V F J W K
A D J E C T I V E H N Z Q C P J Z L D E L I
Z O T N K P I X F W T U K L K N Y E H B Z P
U K U A F J M C N H O T O G T R F R D W V I
V T N T N D E L L Q O Y K N G O O S D S B M
B K W X M D V T G E G R X S J Y I C S R C A
E T A K W F Z M A F C B T T R I O X Q J T J
```

adjective	article	conjunction	noun	subject
adverb	clause	interjection	preposition	verb

Shapes!

```
E P D T O R B P Z Z Y N Y F R Y Q D E X W L
M L E N J L Y H F I G O W K E C P M A K B X
L I G N O Z I Y S D L G J M O H K M O A O K
T X Z N T M X T P I W A E N U E K X N J V X
B G B A A A A N T O C T E F V S U T R C E D
Y A F R Q T G I F Z Y C S E O A I H D T A V
Q A F P W F C O D E L O I P J I O F A P G Z
N V O G J Q N E N P I N P E H D N E Q H O V
R M G D U O J N R A N Z P W F E G Z R I Q Y
P C Z H G P N U X R D S F T B M R K U G N F
G P F A Z M R B I T E F I R Y X R E R B Q S
H R C T S M P L I L R D I M A R Y P I V T X
I E A V C P Q Y Z J N Y G D S B N E Z P K H
D A J U P F S G U I X N T F U O F R L K R V
Y P O A Y Z H H F L H F I Q G N L F P Y N E
K W U H J E Z P P O T R I A N G L E C R C S
N U Z R X S Q U A R E J C Q R A Y C I X A M
D Y M A H M Z G R Q X E R I A T M Y R J O W
R O G Y V L N O S A D L F A Q C Q O C U V L
R O B D C Z Q H L O A Q J H K Y H H L F F P
N D M E S Y A D D J T P R I P D S H E R L V
F K W R P O M U K T K S T T K Z J W Q Z V O
```

circle	decagon	hexagon	pyramid	square
cone	diamond	octagon	rectangle	trapezoid
cylinder	dodecagon	pentagon	sphere	triangle

95

Sizes!

```
K E Y X T T A N B E O Z Y S A M I S M U E K
V S C O E Q N O E G G L C A E T E B I G T D
F B I E J Z M R E A S R O I S B A D A A Y K
Y I N A J O E M V R N X A Y X M I L I T O D
T Y X S S O V A Q E P Z B L O R A D C U L A
U Q N R U K I L B V T I N G X O B A O X M H
N S Q S T O S Y K A T C Q K M U G Z W N Q I
J M N M W P M O L S X W Z P I E O T M D R W
I J Q U B A P R Y L S H D B L O G N W M K E
S Y G D J Z E T O W W U M H U O A U W T W N
W M V E L U C S U N I M R M Q K R I B Y A N
Y H A H J A I K G X E A W J A V G S B E Z V
G L W J M H B A G F L S W K V Z A D T S S R
Y Z R A R Y Q M P U A M L E C I N E M X B Q
G O N I J N Q A G Z L U E Q B J T Q N D G A
K T V E L I G E S P I G L D V O U M Z M C J
Y Y D I X T R Q G O U V G P I M A Q O E V I
M A S S I V E R L H I D P C U B N L L A M S
I P E J C J Y C X C L Q S T N O U J Q V G I
Z G W B Y Y H R V J D Z S M S U V Y Y I W B
E E T I U E O X P R R S R D L H O U Q O N T
M B C F Z G X Z E E V I Z K H V E C T U J N
```

average	gargantuan	large	minuscule	small
big	huge	massive	normal	teeny
enormous	itsy bitsy	medium	regular	tiny

96

Sounds!

```
O B H T F Y C P F B B I Y D B V B C M X G Q
V D T X G Q H L H Z V R O N S Z X Q C V R Z
L A Y T K M E T O O Q G E B S G H W S G L X
H O N K C P M O W N W B L P W E U O W U M E
F F W H I H D G C G K O H Q R S U B X U L I
L I P V L D O Y U P O P V L Z V R X Z Q P Y
L R O E C Q U K J P G U I E K B R Y Z S T Z
H R U V L F W G P P K Y A I P J Z A Z A V H
A P M Q L D T G L R U P E I K D U Z F R N I
E H E M C X U B Q V Y G G W O J G C H A C G
K X I E V J Z I H O B J T N V P X B N S W D
I W F B B A K S R W H O O P K U Z S V H P U
D Y A B I C A X R X X G S T O X N R I J X H
F P R U O B S D S D E G X K F K Q V M V A A
U G Y L Q W C V W A G F G N M F O W D F E Z
O I C Z V S R Q I P O R V O W M I W B J E N
X I R M P W E R O X C D U B F P S A W V P K
T H B P U P A P E S Q X Z C X V D F G B S T
G N L K B Q K H I Q B H W P N X I U R W Q H
V P Z V S A O G T D A Z J Y Y H S O O H W Q
O I F U N K M D W A X B D M E K P T P V Q V
V S N B W T G I U C X Q I J U C B H E U I E
```

bam	bonk	creak	squawk
bash	click	eep	whoop
beep	clock	honk	whoosh
bloop	clonk	pop	womp

sports!

```
M P H X B T V L U X T U M B L I N G F U P C
T C I K K N O A A K L P K L Q Y S D R D A K
Y H L R Q R L Z M C N R A J E F A R I G Z L
G S L P X I L O M K R B H K T N E U S K W L
Q N O O A Y E V C V T O C K C D N R B R W A
A D I I U V Y D D O Z O S I S M N X E V Z B
Y F S D F S B M O D H I N S Y Q J S E B J T
P F I H A U A F X T S G Y R E K T M A M O F
I L M B J E L B A S K E T B A L L W Y Y L O
S B S Y X G L U V S P N G N I H S I F C X S
Y Y F I I N Q R O T U J K N P O L O C M C Z
O S U C V I N U A O E A G U S B Q Q K S A Y
F Z F L V D G G C E J K L Q Q A D R J S U V
S Y V C K R L S Y B H N C F P E I O Q Y L E
I Z K U G A S L R M S C X I W C A M Y Y Q R
N Q I I E O S L A A N E N A R V R S K V E U
N V X I R B M R B B E A J J K C M E F Y Q P
E R U C T W P A B G E K S N O T N I M D A B
T T J D P O R I I C H S M T B R M H S U J M
V I J T J N A U J E S G A K I Y F U A X E B
J G J X C S Q J K F U W K B Z C G K G H Z L
O C T B I C U R I Y Y H P J Q V S G P L Y R
```

badminton
baseball
basketball
chearleading
cricket

crosscountry
dancing
fishing
football
frisbee

gymnastics
hockey
lacrosse
polo
snowboarding

softball
tennis
tumbling
volleyball
wrestling

SPotteD Stuff!

```
G A M Y K U W Z U F N B I H P Q N D W N W B
A X N Y Z M X Q R F O K E V N L R O V O B M
S C O W L F W I D P I N E A P P L E C C J O
N D B M I G E Y N A T A D H E N W O D N N U
X Z B V H P C D F Q A S F K A Z K G Q B S Y
X M C Y P R Y M Z Q M R O D D T C L S X G L
L N C B P L M S P V L F Z L L L O B X I D C
L U V T D C X P Q W A Z N S J L I U Y S A P
X A W C M N Q O C A D J A A L M L M D T Z F
M O D K D L Q Q U Y D G S S H C R X M F D Z
V P P Y E U X F G G Y D R O O K S Z O X D G
J C E N B U G H A T E E H C N C C D W F D J
O L V H E U Z W W K A U D S A I K X Z Z O J
C L X K Y K G D G E R G I T T S M B O T P Y
U C A L N S C I G V O I P T F B G O C I L O
J E E D U V R I P O F W K A P T F S D F L M
J L W M H A G U H E A C X D I G P V R C E Q
O U T A F I W A U C L P Y W Q U J E U T O B
N M K F E G H D R I B Q J R I Z T C I B P E
L T E Q Y U C X Q D P D K H L T Q D T C A N
A Z Z I P I N O R E P P E P U G M A Q E R Z
D T W B Q L O Y H R L X Y B K S Z A J D D Y
```

butterfly	cow	dominos	leopard
cheetah	dalmation	giraffe	pepperoni pizza
chicken pox	dice	ladybug	pineapple

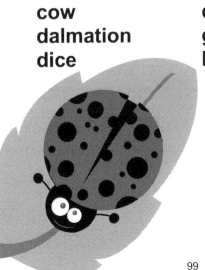

99

Spring!

```
F J Q S C K P Q R M O J U H W O H X A N N K
Q U N U R U N C B B W V W B V F W T B A I E
U G Q A D P B S P Q Z H G X S U G W W Q A S
L O O D B B V U P K A E R B G N I R P S R Y
W K L T A H P H I W R X B C I Y G Q T B B E
P E J Q A P Y O T D H Q G N S X D A Q O F B
S F M F N M Y Y J W J I E S N N V U E H N R
V I Y U H Z K C R X F D I K V F Z Q X A N F
F X A C D F R H Y C R C T R E E B U D S W V
L V D A E Y L M C A S O S M P O O T V F S H
O O S F Q X N X G M X L J O U M C K K L C E
W E R A Z Y U S O A M R O V H L T B G O N Q
E I E U K F G M Z Y L V M O S C U X W K B W
R V H C M I A W W O Z I T J F D M G P Z J Q
S Q T P Q B W A R M S G V A N L R C N Q C L
Q Z O G T S R B F K G Y E Z O J I I D J Q U
G L M P L W Z E C Z M O C A O A X R B E O A
L G J T V Q B F L X D R L N U I Y S P D S V
S T R O P S E Q R L Q B K M B T X L Z A B C
Z D O F Z I R W E P A R N R G F I N A B M E
W I M Y L J I R Q X A A E R G L O W F M B X
S G C D E S N P R P O C Q T H H H H K G Q M
```

April Fool's	gardening	mud	rain	tree buds
birds	May	park	sports	umbrella
flowers	Mother's Day	puddles	spring break	warm

The USA!

```
F S P V W A I C K T N M S S P D Q X H C T Q
V M T K K I U R U D V E S H J J L B G G R G
J B R A Y S O Y M I W Q V H T L W B J Z E L
J Y X W K Y A R I Z O N A A B G B N Z U M F
B G L U W F H S B Y H S K D P V T K R A H
N E Z E K S I P N M V H Y W V A C Q V A K B
P U N B L V I I I A I D Q Y H E Z W X O L S
W L S F N B L F A Q K P I P D K D N J C H R
G M F J K L U I B P P R T K U U T S N J A O
I R O K I U L U C U C Q E K R N A A I L W S
Z G T N A W P Z O D A R O L O C R X F T A Y
U A O Z P D L W A E L X Z U U E A E Z Y I I
B I N O G E R O N D I D T R N K I T O H I O
S A A O X B P I G U F A H J R H G L B J I L
H L H M O H A R S A O U D U R E R M V N A E
C Y Q X J M W R V A R Z E I Q S O X Y D U B
T E T L A K C D S A N B H K R N E D A T E K
S L E N H F P G L G I F I C V O G F I E P C
J F F L Y W K A Q I A J H X Y J L V Y E Y Q
M C W X H Q S L X L A A F Q J H Q F A Q N E
B S C J U K T N T G Z G N F L F U B E J Q C
Q J R Z A H W X G P R R Q Z L W V J L N H W
```

Alaska   Colorado   Hawaii   Maine   Ohio
Arizona   Florida   Illinois   Nevada   Oregon
California   Georgia   Kansas   New York   Texas

101

Sticky Stuff!

```
N M C A P L T S G R A T G E P A T F D V P D
E E U A U T C O Y M Z N W J A R Y V T F O J
R F H G C U B D O R I T K U O A D Z D B P R
S G C X E Q B J J T U I T X V A Y B U J I O
N P Q U S L O G S S G P M C J R H V F M L Z
O Q L X S R B O A D H I F G Y R P F C N L M
P H H L W Z R B H Z V Q T Q C T A A P I O D
Q I S S B F W A U C P W S W O X S X S S L M
D N F P D Z T L Q B S A D U J H F K F A O W
I B K W A M W H B J I A O V J V K E D G X J
A P E T S A P H T O O T A S M O T U O Z S E
U G L V T D U Z W A N A P T U V J C U I A U
D M X C H Y E U G I I J K J Y R J A G P G E
U C L Q O Y A Y W N Z J C Q K V L M H L J R
C K L K L V S Y W S C A H W Q R N U U J J J
T A W K Z N Y Q F H S R K W Q B W E A V T J
X D C U A U W F K G B B R F B R G N D U E F
C E M E N T Y A X X M U P G N M I Y Z X Y P
S B V E M A Z R L G O S I U K U M J Z P T X
N M T D K L L A V G L V C V C Z Q Q P X U G
P Q P G P V R I X P N J C G E Z S H V E A V
V H I F D G E T O Z C V V C P G G X A U K N
```

bubble gum	**dough**	**glue**	**soap**	**tape**
cement	**frosting**	**lollipop**	**syrup**	**toothpaste**

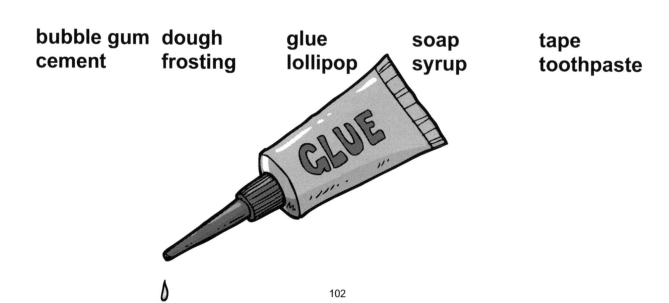

102

Things With Strings!

```
A J A F C Q C H E S L E D M L D M J F T Z Y
L O D V Y U V P D I S C W J W B F T O M U A
G H H Y Y G R D C E R B D G X J R P L J S K
G H A G D G B T E Z A T B L G F E E H L Q Q
R J Y E M Y N H A C S Q A Q L X T M U X W X
G X D N E W C H J I Y U L Z Y K F E Q Q P B
B O O O G G E O J P N Z L C O N U A P X L N
P Y C N N T S D S F A S O F O P H H Y P C M
I O K I I E Y X U T E M O J K N W F A V U G
A Y R K C V Y A F I A J N Q V P P M I O T P
X T C X V V J G O G E U K S H G X O X V G Y
S K T N Y A M V T P E X M Y L E L S I J S I
X R I P G Q I M Q U A J H A G I D Y R O L J
I X U W W I L L O W T R E E N R A T I U G K
K L C C I L H D O A B O N Q Y W Q F T F R E
P J E H K E V Q B M R G T R E O V B L S S G
K M U I R O C C N S P U D A N V C F Y V G J
W D P A D C R D Y E Z V N X T U W F B N B Z
A F N Y F O U R S D F B T P H S H S Z X K X
H O Y Y G R V W A W A G G E F P V D O Z P E
Q F Q D V V P B R P L J Y A R N V J B C V T
U P R O M E B F J J H I U D H U K M U X Q J
```

balloon   hay   puppet   willow tree
curtains   kite   string cheese   yarn
guitar   kiwi   violin   yoyo

103

Summer!

```
L E W W O R F Y Q S Y G N B C N T O H G K R
Y E K U K L Z E C V N B F A M K Z B E Z T O
S R M Z G P C H O C O F M L W J S N I C J B
I S M O E B O I N D E P B J V Q L B N V L V
F P W B N O M Y O B G N J E M D P U O J P S
M G F E L A P C C E L L O K I J C T Z F O E
S N M S A Q D Q Y X O K F T G A T T F E O R
S Y O J G T W E C L O J J K N D K E J P L F
M U Q T K I A F S K H L A V U W H R U W D E
T L E M S G Y C F T T P Y T K F S F W A N I
R Y Z K B B G F E E A H S N J L K L F Z Y N
I Q S E N M D Z X I A N O F G D U I T D G R
Q V I W J E Q T L Q H I D L I U C E O W Y U
R W X G N I M M I W S T Y R I J K S E P T B
A E I N W N X J A Y V B O P L C J H Q S G N
E S E Y B N X T W Q A C U O X G C R O O U U
T S D G D O C F Z Y D P I O M A P Q J I Y S
V H D V K K W C T E I H I A E S D F V V Z X
I E Y P Y J J I S F Q N Q B O Q R X L U W S
J H T V S O P V N V U K H U M I D Q H G W W
B T B M X M K A R A G I M J U V U Y V W M L
R M N D L W K N A P I F A E J G T Q A C Y G
```

beach	hot	pool	sunburn
butterflies	humid	schools out	sweat
camp	lemonade stand	smoothie	swimming

SUPERHEROES!

```
M A E M B A N P R U R B A Y L N Y G L W Z B
L R R E X G T Z R F U A C Y P K Z N U L I J
U B F R H X W V O C V T I S W K T R A B L R
D I S A T S L Z Y G N M R E M J C Z M H S A
W T R S N J A H M C W A E Y F W T B A G J F
R I L O F T F L D C E N M D E J S B L O K N
R L J B N C A A F O R I A P S J P H A Q B T
B O J D J M R S K E V X N N C N I U U Z X V
I W D U B E A Z T O H E I Q R B D F Z J Y Y
X T S E D D X N Y I N T A T L P E B V I A Y
A P A E V X A F S N C O T E N I R E V L O W
U S V L R L X G Y A V T P C Q N M V R R G L
T I R K N Z M Z U M S W A M M G A N N Z Z I
L T Y E J L V T R O I X C P O V N A D Y N J
T Q E W O N D E R W O M A N A D M S A I I D
D R D P O P T V T T K G S Y S R Q T P T U Z
G G W H C G E R F A L D L E E S F X Y L F O
N I B O R H P J L C V T B P E L E K T R A C
L Q S D Y L S D A D A J U K F I P K A J F P
T M C S J Y A A M X O S I X L Z R N F L F H
S O H C M C I F V H O V X L L U V Z F K K G
V T J Q Z K Z H Z D B M H Q P C H A X P Y H
```

Batman	Dare Devil	Ironman	Superman
Beast	Elektra	Mr. Fantastic	The Flash
Captain America	Green Lantern	Robin	Wolverine
Cat Woman	Hulk	Spiderman	Wonderwoman

SuperPowers!

```
J T D J U Z B F X Y O O K Y E B F V S I E S
C W C D N Q T M U J F J K V F N X R N X C K
Y E M E C Q L Q D M D Q W H Z U S V X A I M
Y G V N I T Q F B G F N K V W U I D Z Q E E
V Q S G T J C H B O S L Z X M S V A N N G L
H O M Z L B H X T D H H N D I Q O E D C D W
X K P O A W V S A H F Q N B J N K J P S F X
H C C S Z C K H B B L V I S U M H E Q K R T
M J O X V F S A S Z H L C A Y Y T R T O Z G
I A D M P M E P H R I D X I G J G N Z G C J
E J S V B G V E J T F T N Y U J N W S K A L
O W O E X U B S Y L Y A M C S H E D C Y A Z
S P E E D B G H A L O V W S Z Q R K N T O Z
J Q J W R G N I D A E R D N I M T W R J Y H
X C O I F U Q F Y F T J T I X S S O P U C J
W R W Z I N Y T I D X G X N E R M V J D B D
W P X X T Q A I E N A D M B O M A J H K C Y
Z M V I J X Y N T X D W I F I C E Y D W D K
B O X Q U H B G I M Z Y E S D Y D U G X W R
X C I S V N T L W V K X M G R S K N T S G A
L G F V F O J B R B P R F N D O L G I A B V
X Z M O Y M H R G T C O W O H L Z V P M K P
```

immortal   mind control   shape shifting strength
invisibility   mind reading   speed   xray

Things in the Bathroom!

```
X T I C F T Z P V W T C N D Q P H W L I W F
A V Z O D R Y S R D J O D P K B A U N B Z P
P Q B M C E X P S O I E O W G R I S T W F S
Z L U B J C U W F T R S B T R L R R E W Q R
W B B R I L T A O H X R Q Z H R S I L D N J
J Q H I Y R Y L H J U V I F H B P D I P S L
Y O W E O U G I T C S X H M X I R A O K H C
H Y T X M U E T W C F F C Z C C A U T Y D S
R L P F R V U X C P T Q E C R X Y H S G P Z
O A B Q Q T J F T B O Q U R S S E C O H A B
P A Z Z A E D N B F T R U I P G L H E H F I
G Z S O G N E I K K T W O U C J O P N B X T
A X L A R Q Z V F A I I U N U Y D I H E N A
S J X M B N X D I C N U B D L F O H Z T T V
P A O S N E R N S A J F S J K Z I D N M H E
A Q E T T K S I Z E W Y J S I L N H S H K Y
T O W E L B K P L Y T O O T H P A S T E D N
K A F O Y Z U X B V R E W O H S G H G J G S
H W U H I I A T A H M U G J G T U A E L I Q
H W C Q O T Y A Z Z Y B V R L E R Y B N E H
Q C Z M S E E X U D T W Z P N H P J K P H H
H Y D K H M J L L H B A V A S Y X O W J X Z
```

comb	lotion	rug	soap	toothpaste
curtains	mirror	shower	toilet	towel
hair spray	razor	sink	toothbrush	tub

107

Things You Drink!

```
Z L K J E Z R J V Q B Q W B C R T Z Y R E N
C C N D E J U I C E Y I U W Q X M Q X L W X
I B U A F M I V J A A D T N Y K V T H P Z H
E X I E F E T R S B W W W H K V P P G M H R
Q I S L O G E M N D I E W C U X W W H I Z P
I W H H C T O I T W H M O Z N G B E A T D M
Q V Y T A V Z R D E C I U J E G N A R O I G
V E S W O K M O T U C K L O Q N D O L L R C
T L A M M O E T B O U Z A T C L Q D K M A C
S D F L X C M T Q K T T U I W Z T V K O U R
J O P F Y J R S Q Y S S J J R L V J W P I H
G G G E V F Q I R Z T G K M C S S R P G B T
C T Y E Y I J D J G K J F O C L N F C G F H
R I S Q D L G R G T O G C R T G Z U I Y U A
V C Y L E G I S N A T E V E I O N R F E G B
T I A T J L U K C L L X R U O G S V E I Z N
O D B E M L Y N I I I Q N O N S M E M S A Y
X E I R T V C O X N Y N B L H I E U Q O E Z
S R P L H U M J S Y Y M E O P M T F L U Q T
T E O Q A W L N E N K Y D Y O S Q N W W D J
J M E M K N W D K U Q R S G E K T U W T K U
G X Q K P G K V H O V W R B M T Y Y D E Q A
```

cider	juice	milk	shake	tea
coffee	malt	orange juice	smoothie	water

108

Things in the Kitchen!

```
S C D V H I H W Q E J C X T U R Q Z L F D L
Q I H I H I B C N X N M T F W E F O A Y N A
E T L A S L W Q D B I X Q D R C P A N T R Y
L G R V E H E E B N U F Q D J Y Q I K M Q I
Q Q A N E Z E G E Z C P M Q V C O D Y F Y P
C O D B R R N S F S X B H T G L V Q S J O P
U E Q P R I W M Z Z J J P D T I U T E L W R
R R K F K A P A P Z A X D C T N S G D E P J
U T T O O I G C R T K O X Z D G D M I N K C
J E D R O N F B S E N A N F T I X D N R C Y
F N I Z Z J P O N B V D C W R D E L M I Q D
L I R I B D P Q F K P O E F W P E T P A V F
C B G E J L B O B X C G R H P Z B Q Z U D H
U A G D D Z X T B J S Y V D D M B E E J M V
V C V J T P E L I P I W T M H J G Z Z Z M K
K O G T W R E Z E E R F B L O P O F P O X Q
F P N A L Q H I D K Y X D D L J G V W Y U S
G L T A X S S J O A E B M L O D S R K L Q I
H I F W K V L G R B F H B V K L R X L R H N
L A R I K G Y X U F A Y Y V Z V I X G V H K
M O G G H H O B W X X R I U S C W F S J F Q
E E R E G F Y J U I Q I E O S U S N N U W Z
```

blender	dishes	fridge	pantry	silverware
cabinet	freezer	garbage	recycling	sink

Things in the ocean!

```
L O B S T E R R L B O G J T G A K S K O P N
Y D O L P F E F A V K K E M J X V N K L I W
T T P T Y L A R N Z U A L Q K G G B A H A A
C G Z Y T M C I I M S L L O O I O N P G P L
B E L L A F W U R N U D Y R E Q K L Z U E R
V F Y A E R J R Q B P X F P L T O A I U V U
J A Y E D L A N Q T O V I S O D H D I E F S
Q A T S U Y A T H Q T J S N H Y E H R Q S G
J Z Q U Z L M H N W C D H K X R F S B Z Y S
H S I F R A T S W A O O F G A L I E R E B B
C E Q U U S P Q H F M G E G W E L M V D M L
K C V U H R I T E E W J C E L Y O P P F T Z
A H Z D E C Y S L Z V N O K J V J Y A B C B
Q N H D Q Y H W A O W L P E D N F C I G D B
N Q I T B A S M Q S G H B E U U H Q O L T E
G R L A R D I U Q S C I G R K A N Z H Y C P
U S I K L X R O N K H U B I V K X F J L W F
A A U Q H W O U W G H Y F D P H U X A B U I
E E L X C O F P E I F C P K J W U V N I W K
L A V R J W L N B Q Z N O U S B V J A L E I
M E A D J R B K K F R A P Z J F P N P J Y H
Y N A R K O T A Y K A C J N Z S I Q W O S Y
```

crab   jellyfish   octopus   shark   starfish
dolphin   lobster   plankton   shrimp   walrus
eel   manta ray   seal   squid   whale

110

Things in the Sky!

```
C Q M H U Q J V N Q H W L S B C J L H R W C
P J L P P D B C G S P S V L K W Z E N U I U
R Q C N Y Z S Z H Z X F I H G R L D T D M G
E N O I T U L L O P I M S U N I O E N O R D
V Y R Z E G F E T O P U C O C N L W N I J V
I V I X U K C E B L F S O O B C F B E T W E
D N J E Z N R Q A P Q K P J I A Y B C R W I
Y I N N V Y L V L Z O T U P R H F T U T I Z
K J R G E E U I L K E M A O D F U S B X H F
S L Q N N P N N O R X T J K S J G K T S H G
J F A C L O U D O X J N M B F V Z D H A W F
M L O M K B Q D N E V F I Z C Y I H L K R U
P A O U T D L Z X T U Q X A U R E C M G P S
J A U W N D V R N Z W F G C R Z S G E V Z M
Y W N B C E R Q I W V W A S K S Q R T N S V
R D L H S A C O F S R F O V W F B N I W M S
F T Z Y T R Q V P Y Y D G K K I E J K O X R
K A Z H O A B E T U W F Z T X I W S U T O R
Q C A W E Z Y E Y Q X R P F K M I V T H S L
S F R O S R J K Q Z K T D D D Y J Z E N A K
H H N S C W B G H J Q W P A G J L S P I M Z
Y Z S Y C S M C R F F I Y U T N K R R B X A
```

birds   drone   hot balloon   plane   sky diver

blimp   fireworks   jet   pollution   stars

cloud   helicopter   kite   rain   sun

Things in Space!

```
Q R N B I U C R S G K E L O S H B I T O Y X
F R E I L U W D E A U V Q N R V M Q V M K P
C N B T P A I K T L W Z B O A J R S W V K I
Z Z Q U I O C E Y A M H A R T T N L G O L R
X S B C R P O K T X E W F I S B Q V X K S S
J D U E M P U D H Y M S K S O B V U H I R L
E L T N G H F J Z O Z D U T J B M D D C O L
T S Z U J O C D Q Y L N M A R S O E M U B Z
A L E P O F J S M D A E Z U M P N V U N T M
S U P E R N O V A R Y C S U N E V D E J R I
R T J L X M F X U V X E O Q Z B V P E I J L
A I P M G M C N N R V B E M S Y T B R X G K
O G J P P K O M Y E Z A G D E U L B I D A Y
Z V H D E O W H W T R F N L N T G Q N X Z W
M L A Y M O J B R T L Y W E O J S Y U J P A
M V P D K Q P A H A K T U D Y T J B Z Q S Y
W F Z U R X V U Z M L I O K J E U C U I C Z
S I E Z E O Q I F K K V L V Y S H L K F I M
V C F K W C I Z J R C A H R W Y T K P L E N
Z N X N N J C H O A Y R U C R E M J W Q W B
K J V Y U Q D T D D F G O E G F Y I U Q Z B
O B U R U M T O B B Z X F K S A T U R N U I
```

asteroids	Earth	Mars	Neptune	Sun
black hole	galaxy	Mercury	Pluto	supernova
comets	gravity	Milky Way	Saturn	Uranus
dark matter	Jupiter	moon	stars	Venus

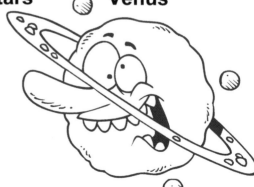

Tools!

```
N F H L V N J W J X J C N L T W H S V U L U
Z S V C I E T E G X H N K E M C E R V Y H R
B I K C N W U T C A Y M A M M I M E G X F P
X G I T Y E P X I N S S Y T E Y M I K L Q A
E F K A S K R N V X U I P C C Z K L P V I U
K Z J L O O S W X K E D Y H Z T D P N U A S
H M G F S A H D D R I L L I Z D L I P P G Q
S L O J W C W J R S B E L D Z F B C F X O V
Y Q O K U R R Z T Y S R F D U S U D S F I K
S D Y S L B C E Q A W I G L V T V U V B J W
L S D F L X Z O W T I D C L I A X W L A E E
H E C G F M S A K D Q Q J F Y P W S K Y E Z
H R V E S F U K M N R C Y O N L M X T Y Q P
N J O E P L D Z G U L I F J M E Q Z C E V X
J R P V L B P C H S V F V C L G Q B O W Z E
S A F E T Y G L A S S E S E Z U R E M M A H
U C V P L U V A H H S C W W R N B I Q H T O
H O O N F J J M P A L O D O S V V F L M O F
B G V W Z A C P P O R A B J O Q P L O A K M
I M G S Q S Y M B T X Q A A J B Z N R Y C H
Q U W H S F M A F E Y V J X W K A K M T V O
L W T F O K R D Y E W E G E J T N J T Q Y J
```

axe	drill	pliers	staple gun
chainsaw	hammer	safety glasses	trowel
clamp	level	screwdriver	wrench

113

Transportation!

```
X X D S H C W B L Z J K A Q L G R R R W D I
O U H W A G R P Z J T M F D I K T V Q K A J
A I M R G A N K R G T F W Z C Y U I Z T A O
P H E L I C O P T E R K J Z S C Z D J D A T
T S O S T A A L Z Z Q L K R C T U R L P U K
N M H U V N V H P Y R X T U H S S X E X D J
I L Z B M X K Q Y N X K Y T W W W F A Z Y A
A O S M E H S N Y G B C R T R U C K Y M N J
R D O A U N N G R T C R V G A L X R Q B C G
T W W R L N A K E A U R N Q O M F J F C U R
M T T I N O I L R X Z R V V V L R B I U O M
I O H N U F E B P I W T Z B X V S L N C I Q
P O T E S F F A S H H U E Y N L J E K X E M
B W A O G B S C I C U G K W I K Z E I Y B B
J B C W R G U N A K Y I Z K C R T W A G A E
O F O S V C B Y F R K R A C Z I Q Q W B P N
I O D E G C Y F B H J W A U D Q O W D M X I
N H W V C H U C H O D G X G S M M V F K Q V
C F C B Y U M S L P A Z P O Y R R E F W A B
R F F G A Q X M V E E T S F O G T W Y Z L C
X K Q L H H D M P H W I Q D W W Q E O N N E
M P D A I I L V W W F M I L E T I K J Q W U
```

boat	ferry	motorcycle	ship	train
bus	helicopter	plane	submarine	truck
car	jet	rocket	taxi	yacht

Trees!

```
I K J N V J M M Y D D W O V M J K Y S J G P
W E L S B H V S X P U I L H A Z Y A U Y D W
X A J T G Y X R I P N L K S D E I O R T J K
N I L L R X B Z G R F L E Y I L S R Y S L G
E R B N M B U E S W H O N N O Z G S C Z A M
E N K G U E I R X F N W G N B N M T I Q S U
R K R V A T F K P D V S G J U E G L Y E F H
G X M V E M H Y I V N A Z L D H C R I B S E
R L J I L O M B W T M A N Q B N S R P F E A
E P S M R S E S N B X E P T X C H J H I K S
V R I F J S G Q B E P H K Q H O R P H I K M
E M J N P W Y C T S F M P X U T G Y Y T Y Z
U R G R E C Q R A U G F A T P S N W X E C G
L L U U A Z V U N Z O Y N C A E A C R Q T S
T C T P A S N N V P F S P Q S I I U F X Q Z
E S P I U R T W I W Y E B Y D X H D E A Q P
R F B K Z D A M I O R E O P U I R R M V A K
H I C K O R Y G E Y M R P J Z I P A G O Q T
Y G S N T T V N Y L O R P N D I M W F X H O
U P K H V G K K G A P W A D V K H M F M R P
E N A P P L E W K N F A L G G R I T S V H Q
Z N B F B G H J A I M Z M A U T M R O O S H
```

apple	cyrus	hickory	oak	spruce
aspen	evergreen	magnolia	palm	walnut
birch	fir	maple	pine	willow

Presidents of the USA!

```
N J N K L O P U T Z K U V A V S X R R R N Y
M I E O N O M F K R U I A D B X S E E W R U
N R X F T Z W C O X V N N A T W W T E W U Z
W D C O F N X U P N M M B M F O R R H L M Q
L G L V N E I O B A M A U S H A X G Y I Q H
B I P X C T R L F R G G R N C W O H K C A Q
F H Y N R O A S C T Z Z E G C K U V R A E F
W G E O I W R B O B G S N Z Y D U H P L L U
S N B O A C E C B N I I S Y G U Q P F I W P
L L N X Y T I Q O E S J X U Z X U M A J S C
D J E D I J I H H E X V Z P S Q L T P Y X U
R R O N P H Q U K J J A V E L B A V C M I Q
Y L O E W C S I Z L X N D I X Z V X A U O R
X T C F A E D L L S J K N F Y K P T Y U J X
K R D V J A R S I I H C G S L J X M P C P B
Z R O O S E V E L T O Q N U E W U Q Y O U Q
N L N O S I D A M L W I F G V F D A O S M N
A P Q E X H J N N N R P Z U G Y Y G H Z Y Q
G D M A B J W C I F R Y I V A K O R E C C G
A D L Z F O N W M D R T Y X E A B A Y Y Y O
E U C R A U G T L A M V I F J U O E U C O Z
R M B R Q J V D D T J Q J X Q Y Q Y D Y I V
```

Adams	**Clinton**	**Jefferson**	**Nixon**	**Reagan**
Bush	**Eisenhower**	**Lincoln**	**Obama**	**Roosevelt**
Carter	**Ford**	**Madison**	**Polk**	**Van Buren**

Veggies!

```
B F R T L K H M L G J E N T J D I Z D G W V
T B R X F C V A H I B L Y Z C T L L Z U F V
Z M K Q A I C O H M T A N W O I O P I I U C
P M L N C A B B A G E K B H A P C M N D X Q
R L I E V N Y Y A R O C A C M C C P A Z I H
B P S S E A I U L V H A Z B T L O Z U T H X
S V W U P A S E S H D R M L N O R A T X O Q
P X D C G U Q I W U X R R G K B B U R F S X
K F L P Q A O L U X N O J R P W P R G S E Z
Y C U U L S R V O Y T T C G R E L I R D I D
P I N R U T W A B N C E W T P H F J Z X X Z
F C Y H M C U O P I Q G E P I Y K F P R U V
X Q N T B W B R G S X J E B H G C N A U J J
E R G B H X W P R B A R Y E V F Q E O N C O
R E W O L F I L U A C G D D Y A P T C Z G Z
V V C M F F O L O W V J Z X V I J L K B C U
E S N J A R M J T N Y I B K D E L U T J U Z
N K B L W M W A Z L B Q G A R V K G Y G R G
Z Q N Z X N C T J D Q K B I F D S C X K E Z
V G V X Y P D J O Z S T L P H T C L G M J U
E F Z U T Y U Q W Y W N E M D G N Z C Y Z L
V X W S H W H S T L R S X S E S Z K R V E O
```

asparagus	cabbage	kale	spinach
beet	carrot	pea	tomato
broccoli	cauliflower	pepper	turnip

117

VerBs!

```
B E M Y D C Y V I C O W E A R H T R W X S M
L U G R J F A T T A C K R V E L G C O E P I
D O I X I J N H A J J L E F C Q L U W H L J
F V R L Z G K B M Z A G N W O Q P T A J W Z
E S P T O E L K P P C Y F I R T V N P L M K
T M J B N Z G N U W A M Y L D K Q T I A G R
A J Z R U O G T T B U R I L E R E H Q H B S
J I J P K C C R A L G V A W U G P O U W U D
A C C E L E R A T E R D O V G F K W U V B M
M J Y P E K R I E J D W E O R Y W R I H C H
W U Q T L V P T D O U G L S A J N D D S O A
L Z O T J L D P O M P B W Q I U O K H O H C
R D N V Y R C H X M S N E Y P G F E V M B N
O H A S Y M D O A N Q U R U F Z N L Y V I D
S H C T M K R I N Y O J N E U S G A N W O N
M R O F R E P E V F O O S M L X V W T H M E
A P S E F Q A T I I P I M K E A K F K E S P
C T F R A S I U P X D D X N E L X W I O Z Q
F R U B A P G P F A D E H M G T T L N Q K V
Q V M B A R D M N J O Q U U X C F Z E H W Q
O Z K O P Y P O F C A T M I S S S O P U U R
H C D D P F V C H Y Z D Q A N M T N S F B L
```

accelerate	argue	control	drive	multiply
amplify	attack	designate	enjoy	perform
amputate	compute	divide	laugh	record

Villains!

```
U U M G U I G Z U B G T N G Y F S S K E U D
Y Y V B R L Y B E B P A M E H X B Y O Y U M
L K K P R K L X L L C P B M U B E N O W U C
J V C M M X E U P R L R V F E S R D H Y D H
S Y F U E V K M G T M I E F B E Y R N M O E
T V W P H Q V I N Z B C V G L S J O I L W L
J Y X Y L C J E N Z D S D E D I N M A A Y B
D A S M E Y C D G G F A J F D O H E T X X R
Z F F K Y I B T Y F C R X U Z A S Q P W W W
G I F F F I Y Y I G N A L J R W L U A K K K
F D K E A T T F X G B M N A M V T L C L T Q
Q F L N M B I G D W B V J D R K U R E S X W
F A K E V O L D E M O R T L Y P H A V U Y Z
M E G D I R B M U S E R O L O D L F R P R T
O R J N F O I B Q L P A L U S R U A W K H C
U R L N B K A A J K I Z S U F U K J R E T L
Q Q K K J R R M O C S A N B O I L Z J A M I
L P S H Q O I G O K A J T Q K O R O V H K S
V L F Z H N S C C X J C K I O K K I G O U V
R N K F I M A Z F J W F N V V E T Y L S A T
K G R A J X G B C F Y N R X R X Q J V E W Z
M X W J D T E G M E O F J I C G U U D F B X
```

Captain Hook   **Dolores Umbridge**   **Loki**   **The Joker**
Chucky   **Jafar**   **Maleficent**   **Ursula**
Cruella DeVille   **King Candy**   **Syndrome**   **Voldemort**

119

Whales!

```
B R O Y D N C K L X K Y B Y A Z U E S C K S
B L K V A O C S N W K K E M D H Q I N T Q O
M O R R I A B L U E W M L G U O W R Y H D S
N P W H B I V P S V A W U I P J H Y D T E D
D A H P I S Q F G C E T G P O P S J I A M A
L R M A N E U F T M Y T A J D X J D F R F I
N U G I S K V E S B F L B W J E L H M A R Q
H X X T G Q W N G B A L V O X N M B F Q F Z
K M A U F D C P W Z J Q L V O D I I G R F N
M I Z L Q X M W O A F K U L Q L D Z M T T X
L V L Z D K E J D R W A B Y G E Q C P K G K
N G Z L I H K H P K C W A H Y J K E F F O S
J W W O E Q P E C X K A C N H M I N U S T H
U M R A J R O C H I P L B X Q G Z A I T W N
N C I W W G N L W P W M S F U A N S S M Y R
U L L S L H N N Y E C O T E T Z L V B H U C
O E I G C Q C V U P H I M H S V W T G T W R
W V X S K B O W H E A D G M M T F H D S S S
E A P U X E M J T K A I Q U W X I I R K A C
K L J X U F N A V G R I B N Z T N F Z U Y B
T O L I P O E T B L E I Y H D X X N Q E B H
R L P D C J M V K W B D O F M J J N R S T G
```

beluga	fin	minke	pigmy
blue	humpback	narwal	pilot
bowhead	killer	orca	right

120

wild cats!

```
M I P U Q V P S L G L Q T H Q Q L T X S P H
M W A Q W Z U T W L N Q Y H Y O Z B I V K P
T S N Q M I M J N N N D K O O W Z P F R T D
D X T L C B A R W U O P S M Z H G L E S J I
M R H R Y H J F M H O J D H W P Z G I B K W
D S E J A N I Y B O M N L G U O I R Y F G X
J P R D M G X G I B N T F R B T L R W B S A
R I Z L E J U Y P Q S I O J N S A O S K M W
C S P P E U X O D T A L K N Q R J B E U Z M
J H M H H O N C C S I W Z M Y N X K Q K K S
K I I C Y O P H T T I R N V B T S F I B U H
K A M S A X B A I L I O N D X C L L N C C I
M G O E P M N N R X Z V F P J Z G D Q H K L
N Y G N K B X U C D V J O Q Y Y E C E D G B
C D K H T N L Y S E C G K P Q O T E T W F X
V K E L F Q W N X Z N R J F N C T Z O U U J
H R A U G A J X N C J G F H G A I S L Q Y E
T F J U R H Q K K O X S N L H W G V E U B I
C U A Y X Y C A V U B C A D G X W I C Y K V
C W F V C D Y O O D A F C C S O X M O L Y D
W G X N C M U J L Z S N L F W V K V V X T L
H U F P D J N E N L A Q H Q Z D V F V F Y C
```

cheetah   jaguar   lion   ocelot   puma
cougar   leopard   lynx   panther   tiger

121

Winter!

```
I Z Y J D B I J W Y N Q T S I G Q L B J G X
C C V B E L E D I X T B I C N A Z A I T H L
B R M J E J F E N M B X I C U O W K Z O Y N
A K Q B T N Q C T S R C A N Z C W K O Z M A
D J N X W E R O E H L D O V E O P D C O T W
A R Q X O B F E R E R C O L D C W N A N K Z
M M A N L K I B Y V J O G D T R X A Y H Y
W V K Z J P B W R Z B T Q C P O V S T Z L G
S M X T Z B D E E O E Q E Z U H I T M V Z X
D S U S F I H L A L A X U E V P U K X N P E
S F Z O L J L G K F N P Z S V O P L Z L M U
N M O R I A N B I W P V Q S A M T S I R H C
O U N F C I X R S E V O L G Y M L M S F K G
W M R Z Z W E Y V F T V P A P P L E P I E V
M G Q E M P J G Z W L N S Z F F D L L A B I
A H E K L J D W W Q U T U H P L T Q B O V F
N R H A J N F F C Y G M F Y L K G X R Y K J
F F C Y L A F K F Q B E J Z Q Q H M X C U U
T E R H A U T Q K R I J S H Z D R X Z S N A
Z Z B A L M H Y V R W V F M T L Y Z P G U W
B W J J C H H T G T X K F C B H N Q R H O Q
H T I F D S M K K W X R F T J E K H T E A U
```

apple pie	cold	frost	icicle	snow day
blizzard	fireplace	gloves	Santa	snowman
Christmas	freezing	hot cocoa	scarf	winter break

122

Things That can Be Wireless!

```
P F H P U S E D Z H R E P A Y X M F X S J G
A X P H A C R N X Q E I W W O H V R G C E J
H C A K R A R J O Q T L B J H O Q C E F E D
E E Q V O N C Q X H U N R Y A T C M K Y Y A
X G Y B L N N D H Q P L V W E E U W V M M L
M T Y K R E S U O M M O F S I R V B X H L J
S E H L C R Z G L P O G R L Z B W V P E L Z
K O M S D X G Z R P C L Y C R H P Z Y H I I
W K R Z T R N Z P U H H X M I V B L H G R R
P H C T P W C W E T T A N M L M S L V O D F
P E A R B U D S R F U I E X R L Y K T J T J
A P I K X E R I G W V W O Q W X D D U D R C
S E F R M E S M M O F X S R S E F Q H V H J
N F B Q M J A U D Z V Q B K Q J N M I G L S
M V G O D R Q P A V I L W M D A O O G J A Q
Z L T D O P U V N U G J I I S S Z U H J U N
X E A C E T K I K K S C J A O P P G O P P R
F E Q I G I M B P A M W B G E F E B M D L H
Z C J J S L Y Z Y T N Z V R D D N A E A P H
W L G X P V P L K D S H R H N D M E K J P G
M R Y Q J C W S T O Y G F C U N E I B E Z B
R E S C K Q K X L M K S W X I R B H I K R A
```

computer	earbuds	microphone	phone	scanner
drill	keyboard	mouse	remote	speaker

WorDs That Start With A!

```
I S Y G R C N J Z L Y Y C Q Y R U B M W E B
A C T I V A T E G H J Y O T C Q Z C M R T N
R I M M W W C I O D E O T N K V N R T O U Z
K N Q Z E E D I P Q V F H W L S Z O L V L T
F N W O R I U G S B K I R T C F N E D G O C
S B O I V V X K X X E M L F O P H E I K S R
Y R R I H C K F T R Y A C L O T O K S E B T
Q X H X T E L F N A K X V D M H G L C Y A T
P R L A A P U I I U A E T A U Q E D A I E Q
T V J S I C O R C L A T F D N Q N P W G U R
D N I I C R C D G Q G N M A J Y C U H O D E
Y M E C N R R E A P E K B P E C N A V D A H
R M H S A P B D N F Y R I T E I R P J A C R
X U Z F B R Z A P T O F O A R Y P Q J C N I
N Q T C A A K E D S U Y R B I H I F E H F P
O Z P C D C T X B O Q A L L M T P T P I Z Z
U I H U I A W A O S R Q T E D E I L M E P F
O K O N R F U O K L R A J E A W N J T V I M
T C G U E K I F G G L A B T M U B N N E Y H
G I C Q X P E D S L D T M L T P L S J D A O
B C K J D A Y V S L C D T O E K K O P H H S
A E T O J D L X F E Y M J H J C Y O S B P H
```

absent	accentuate	activate	admire	advance
absolute	accurate	adaptable	adoption	aircraft
absorb	achieve	adequate	adorable	algebra

124

Words That Start With B!

```
G O Q C Q N B B R H J K B U L L S E Y E V T
T L M I J L U R T S C C C S G B F R O J F Z
U I R Q U R S O A G T V L A O D R M L I S B
D B M T G P R N B I G R B O P H S U L Y J C
W W A L P V P Z A G N A K Y T K V S T L K E
Y Q A G C T N B N J O P U W C W C L O G D W
V R J N G V Z T D X A G F Z P K M A K D O R
U A W J F A P N A G K A Z Z Z V A B B X N A
S Z B A R U G G N G P N N E G R J E S X F I
R H T A R F W E A V R S E O Q H R A D L J R
T B C K M G E E C N A L A B O E Z S M Z K E
L U N B U M P E R Y W F H J T L I T A N Y T
W A T S T S S K I U L G W T I O L U N J O C
B Z W D C Y G J R T R S U V U A N A E U F A
V C X U R Z C W Q U W B T C L S A D B G B B
X Y R N S Y I Q H Y U L E T I J K W Z O U J
U J W P W I W I V G S Z L M T K A M L G P O
C W I U H X Q D Y H X I L P T I Y L L R R D
A M Z C P L X C O A C Y A X J E Q L L I K V
K C J G H M K V V H X U B R Q G Q T X G M W
R X Z Q E J Y P S L X S T S I U Q S K P I Q
Z W P U V T D A Y J M L L W L P I K N P W P
```

backpack	balance	bandana	book	bumper
bacteria	ballet	bankrupt	brain	burglar
baggage	balloon	beast	bullseye	butter

Words That Start With C!

```
Q N B Z C S R E B S S Q A N N T H J K S C Y
E G H D U N X N P L A B D C N P A H U S A E
A I W T D Z F I J N I S S E L E U L C P S G
M J C P D T H E S W D R M O P T U N Z Z U V
M A W L I T K F C T N H A I Q C G Z O I A J
C U P G A J M F C D M C Q M L O F A Z O L F
F W I O M V W A K U U W W A A B A Z H S T S
L O I C Y C W C H J K W C H R L R R H L Y I
J X F P L V H R L I P V B V J Q A G L F R W
V Q T N C A H A R L R Q P H U X F C L E W N
C L U M S Y C Z P I N N I L P G S V E I P F
H H Y Z U T Z P V T E I U N H P L R N U N R
E B S J P J E Y E D E O C C X M G H N X C Y
Z B I J J Y N K N Z O R I A F T C P A E V T
K R S D N O H C O B A C S L R L G G H Z O D
D R T E S L H F S I C C K G I E J G C L A W
U Y P V G M K Y P P A U R N D Y E W J S T G
C A M P S I T E F K V G I M S Q R R D C L L
I A P E U L P V I R I C A P A U C G P Q Y T
G M I D Z B P O F V A X W S N T A L V M E E
M L S S P A Q D Y L R G G O A K C O U Y Y U
E W H T K Y A Z W O F E C S K Y B U Q R N B
```

cabochon	calamari	campsite	caviar	clinical
cactus	calcium	career	channel	clueless
caffeine	calculus	casualty	chapters	clumsy

WorDs That Start With D!

```
V T D N V Z E S A Y E A T Y Q P M D V E N D
P Q Y U J T P Q D R Y N E S S Y I G O K C K
S M R M U B U B V U O Y Q H N S E T A B E D
Z F U P V B G B W Q R Q W N C H B K A X B O
Q I S L R R J D D N P F U O C J R I N U P K
G I F E F E J B A Z Z V U D L T M R L O D H
D S M D H V E D M A Z N G O E Z B Y V T D R
P O R R J D M Y A U T Q T S E N D I Q X I F
T N A I F E D R G L F S H B O E E N Y N S C
T V H I R C T I E H M B O S A J C K J R W V
H S H V O M W A Z S O A F M Z O E D G A N G
I C I T J O Y D D V N X T P Q Y I K Z X X N
G U P T U P I J A O G V W I F B V J N G V V
M E D L N H C P N M R E W I O V E L I N R A
O B I P B E Y T I D S P U C O N D D E I I X
H K X T K D D E F O R E S T A T I O N L G Y
Y Z A I A H W B H G L B L L K F E Z P R U M
A O V H Y M A H F W Q H Z Q M Q N M R A B L
E F L O S M H V W H J H O E D B J Z G D E T
Y I N K H R F X K V T J T R S I Q B U S Z R
A F T Z L O Z Y H L N A Z S W U M X L Q G W
Y M D N L U B F B Z M Z V V T D T E T H A C
```

dahlia	damage	debate	deforestation	dispute
dairy	damsel	deceived	dentist	donkey
dalmation	darling	defiant	discount	dryness

127

Words That Start With E!

```
N I E G S Y G G P X O N E T U T J W L Q E R
I O W S F S G N E F I R L N E O E D L X Y J
T F I V P H H B H E Y L E A A G A E E S Y S
C L N T Q R F L T M K P P H R S B R W Z L G
E P O J A O E S F T E M H C T W C Y H D W B
Z M R T Z C N S W N E H A N H I E B T G Z F
U V T E N I U B S F Y A N E S E C N V D U R
I G C T E A A D R O C Z T E G I M C A N H U
Z R E L N F G B E N O R M O U S L G B M M L
U I L L K K A E T T M C I T S A L E E F E M
R N E K O X X K L E D I T O R N L F Z H S L
Z H X Q G P S D A E R V C N D Q H G F V U V
Q L N G Y E H C L U P X C T W L P J D V G B
D S Z W S K V A X Y F X L B B H W P J S S Y
Z H Z P C N Q H M U Z D N D S R X J C M V R
D V A R W V Z P A R W Y C G Z J B H M I B U
Q L E B O J Z E M V J C H F X M G B M U L Q
E L D A C R A U F H Z M Q Z J H T I P U P P
H J A B X G T R H D T R L Q Q H E V C C M C
C B W D E O G X P M J W C J Z P E N S Y S F
S A U R O K Y F X Q U B I W Y S Q O F R G G
Z O R E S Y A X M A V P H D D X T Q W Y E E
```

eager	education	elastic	elephant	enormous
Earth	Einstein	electron	enamel	espresso
editor	elapse	elegant	enchant	exercise

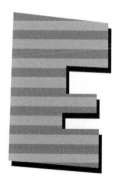

128

Words That Start With F!

```
E D Z V S W Z D Z F Q F B O A Z O E E F S Y
J U N Y M E L A V R R P T E H C N R E M N J
I S Q S K G Y H K E E M A J A O X M A V T Q
B B A G P T J B Q C P I C E I J I A E T H N
J I H I F O H D Z K J U C T B N I I L M F Q
U S S S C R S J B L J U C O I F A S H I O N
N G U B U G E N Q E S I T N Q X M V H M K Q
Q J K Y B P M E S S F A E D T I Y B E V L Q
H H S B K T K J Z U A I K K F G W L O R D I
X D Y Q E W H J Y E W P W L N E M U O E Q S
M J F E E D B A C K R T T F D J A N T H Q H
T N L Y V J Z H A G Z O E I S Z O R R T C U
R A I E Y Z A V Z O R Y S G H Q Q B L A H A
R M M Y U H R D Y Q V F N U D J R H G E B V
G O U V U G N O T R I H W R H I W U U F S K
W V N V G J I K Y L Q A A E C E F Z A K P S
G N I H S I F T L G B W F P C E Y J D C Z A
C Y A D I R F E A T V J O Z M U P P A H A R
V A P Z B V T T X F J E E F T I H P V Q Z Z
J F X K V Y Q Y L L F D K P E G E B M H K J
V X U T I R F W F N G E B Q Y B A M P R J X
E R L U O P P U K W R H A X K V N N K J K P
```

fashion	fearless	feminine	figure	freckles
fatigue	feather	fiction	fillet	freezer
fawn	feedback	fidget	fishing	Friday

Words That Start With G!

```
X B U C U B G X N S M N O U E J K J J B G R
T U F C E U Q A C G E N E T I C R V W S I A
A L L I R O G I S Y G L T T X E U F D A V S
I J Y L Y I T S K O S H U B K N N V P V E G
S R P I A S N T Z V L P G U I D A N C E A X
Q Q E K A W S R X P F I Y M W V H E H H W C
G N H C P U Y G I L P N G S Y X P U O A P
E C M N H Y T W G M F N I E I G U U T Y Y Q
R Y P M U Z R N F H R J M K V I R M O O R G
G D V P C V A E S G I U Q B L H A I N R D C
P R T R T O A D L T S G S Q Q E D Y L X F M
N G D I H G A Q K L Q P K W A I W A X L B F
N F N R L S C U N P A K G G H A J W L L E M
L U T I Y I V E B D P G I M A T Y E Y D Z D
Q V T T S B S X U C P O K V X G G T M G V G
Q C S E M P G A E Y X L X V B R H A R D N Y
H F G M M Q V N I L Q R K Q A W O G S M H L
S R K I J I Q H U F Z H T D T E S N W D F F
Q O L A X K U V G L Y X U S E L T M Z W J Y
A G K W K B J Z F G J A T B V Q L F C P V F
L O D B X R P K U E T R U I W A Y W Y S R K
A W J C W S Z A X E G N B D V D P W X J R O
```

gallery	genetic	glimpse	graduate	guidance
gasoline	ghostly	glitch	grilled	gymnastics
gateway	giveaway	gorilla	groom	gypsy

130

Words That Start With H!

```
R Q H H R R L W G F E Z G T G B U W Q R W M
Y E Y O J F W U K N M K A A F A Z W F O O A
X V T S M W V Q F K V H O T U P K F F O H K
B K S P Q E I V D E O B H I Y V Q W L U U G
U S E I O B W Z V B P Y M B S E I R K B E K
N V H T K C Q O I M X O W A L X I Q V M C J
U B S A X R I E R O A M H H S E I S P O U X
E E N L U M N L B K R O I R H T O U M F S H
H O R I Z O N A E P T A T V V M K M E M D C
I I R H J L V K K H N K T U M J A S P H P H
C B N V V L E T N A L A T K O H M J Z X M L
N A A M R V T T T I P X U Z G W A F L C F G
V V S W P T M E E Y I L D A P O K L V M T F
D Y N U F O K E C A X I Z H R O V E E V T P
O S X S H B A M E D T H Y K F Y Y J S H N B
R Y I Q C V Y H H X Y E E M X O A W I V A V
E H E D G E H O G A N Z Q L I L R H F L A K
N E K S Z V S M C A M V X D E T N U A H T S
A G R P U F F I Y G Q M W K T R G N A T J G
B B B Q G Y N V G Y Q U E J W D R T C U B X
A M V Z P T L A J S J I I R P T M E G O V P
H Y W D H K S A L K C C U S K P C R N Y G M
```

habanero	hammock	heirloom	hopeful	hunter
habitat	haunted	helicopter	horizon	hyacinth
hammer	hedgehog	homework	hospital	hyena

131

Words That Start With I!

```
U A O T N I N E Z C F E B Y S L G Y L F I D
H M M K C R B T Q F E P A L E R M S M Z T I
U B O O I W M I E D O S M A E Q K U H W D S
K Y N R Q M X S W D T N K B Q C K M P B A B
S I G D A K A X F X P U E I O U A J L G K I
C S N T Y A H G S S B C G P X D N S Z U I B
S H D M J X A B E K I T P Y Y B J S P A T X
A N A U G I E H P R M O P J I R E Y V T A O
J D G Z K H V D M M Y J I I F T M T G Z L H
D D M N Q F I R V F H N R M W S C K O I I I
N Q D D M T T P S D T Q I O F H J T N R C K
D O E U D E N V R B S T S J U V N V D B S H
K A I R U A E V K L C X B N W J R V Z Z C R
M A M T A E C G H E M H K M G H U O K H Y N
E I C V A J N T S E W U D I Q S R R U G I C
F F D S M T I N J D S U Q T E U Y P I I J X
T Q W N T E I I L L E G A L P R S M N R C J
I S S U E X P V F B P F O D P X O I V N O D
R Q T O F P K H N J S T O X D N C N P E H N
O L K O F F D R H I C E M E Y U R W G G T B
E T A N I M U L L I A Z A F Z B G K Y I O V
U T V D O O F W X Z Q W T M P Y U U Q F B W
```

iceberg	iguana	imagery	insect	iron
iconic	illegal	improv	invitation	issue
ignore	illuminate	incentive	iris	italics

Words That Start With J!

```
X B B P H J J Z J Y J A O B G T J N B C E T
E R Y C U J J E B K S U G K T U A K R X N S
K F Q G P E L M D J L U J K R I C D W Y R V
Y M G E D I R M O D Q U O D Q I K B X C R A
M L L W N C M Y Z W S V F L J H P D U N P J
E Y O E D Y Y V V T S J P N A P O U H X G P
S K V Z G P L X I O P B O J E E T P J K M A
U U Z T Q X X F L E I N B M L K J X K A K O
J R O L Q J I H S I F Y L L E J B L E E Z Q
Y N A B N C D R O E T J E Q T N O W E D O Z
J D P U A F D E P A O P P R X X Z A W Q N W
O V P T G J U R Y O H T X R X C Q S K C E N
M B I Y T A P J H B X W R P J P L G L D P Q
I O Z I Z D J K Q M K I C R B A W I C E A M
N D D V L R J V S J Y E O N X L N J Q Y L B
C P F I M J R O I N U J O R P O K I E U A L
X D T J U Q W K S W I U P M I S K S T P J K
H J C C W X X Q O F T A B A V N R M J O G B
T A D E E S J A N U A R Y N A E B Z Z S R V
F A Z H N H U C N I T M Y J J B M L O J X B
I P B L Y U M P P Q V A H B I P L W D K L C
H B N A L Z W A L I E G O R C T N Q F V G R
```

jackpot	janitor	jealousy	jigsaw	jury
jaguar	January	jellyfish	juggle	justification
jalapeno	jazz	jersey	junior	juvenile

WorDs That Start With K!

```
N I O D Z K L Y Z N K G K R Y A Q C V N D S
O M Y M X N V B Z I J N R I O B U R R B K O
K C S O X O H F T T I I E E C O J K F H A N
W P G K O W Q C I W B T A E P K R R P B P A
Y Z D R H L H C M Y V T S E N E B A N T B D
F L A L Z E I X E Q U I M Y P J E O G S V K
N P D Q N D F U C F F N U O X I H K X N P K
E A R I M G B Z D D D K Z X T Z T T X N A I
T Z Z O P E A K M I Q B B U C N K M V B V K
T O Z P N B I D S Q H S L I U T A Y F U A T
I R E V Q L E K G I L W J Q W V S Z Y Q R I
K N C A O H U G M A G E G J F T T R N C B J
J E B G O A L O W R I X K E T C H U P O M S
V V R X A G D V N N Y J Z C V I U V C D P V
F A X I A G S H V S J E R X V K I W I K C I
M S S E N D N I K E B D D K F T H F F E T P
R E I I W G H I T R N Y N H M R K H P Y D A
C T K K J U P A I O L D Q Z H P N Q N H M Z
D V T U D X R T L S Y K G E I O H O S O W I
B V Y X C A G Z A E L K C U N K I K O L O D
X N M C K E K W E U L N D D I F K X W E K M
P Y X H N H P F J L J K I K L N F B N L H O
```

kangaroo	ketchup	kilogram	kitchen	knitting
karate	keyhole	kindness	kitten	knowledge
keeper	kickbox	kingdom	kiwi	knuckle

134

Words That Start With L!

```
Z L N U X G S A O K I I D G L B Y N U Z M D
O C O F D F U F O A V I P Z J L K Z I U S L
B H N C J P F B H K U P F O E A X Q M X C A
D Z W A K T P L Y Q X L A N H G U T F C B W
G Z N I H E E L I D I J Y C Q E H C S S O Z
K T C I N A R L I B A T R L U X U R Y R R F
T R I J R B O N O H Q L G O S H Q M N J Y E
E T G N D W F O N A A G H C N H K D D G P O
G C I Q A D U W U X K I O O G O Q R C Z T G
Q N R D B P X E B V W R Q M Y E L A Y K A B
G I U F Q K I R F W P G S O Z O E M S E Z T
L S N T C Z C Z N Q H N Y T N H G R E I J C
H E X W L G I W L E C T A I Y Y A U F W D S
J Z P U N K P V D T N G Z V M Q C D X L X B
Z P K R W A L F Y O U Y Y E C B Y A E H D L
B M I R E Y W A L K L M B R H E C A Q H U Z
A W D A O C T H A B C D I V T R J E A M C Q
U C J Q M E H V Z D W U X E L U R L B V S Y
K A Z A K F B A B R O T L X R S H E S O P G
G X J D Z E G A U G N A L T Y I R F J M Y I
J H I C O L Y D Z N T N J T P E B V U K S S
B E A A R D X D D T R P V N B L G L K G O G
```

ladybug	learning	leprechaun	locomotive	lumpy
language	legacy	liquid	lucky	lunch
lawyer	leisure	locker	lumber	luxury

Words That Start With M!

```
A Z O P M L S O M Y W I S A U T J P T W D D
X M N Q L W K E M Z Q R Q W G R R M X N T A
T A T T A M S T P M Z S R J E Y Z T X L M L
F X Q Q E M Y R C W S K M H G R V O I B D A
R J H T A O Z S W Y T O T R E Z K I O W H D
L G Z E O U V R C D R O R N E X K L G Q D N
U T V R Q N J H V N M M I G A T B K X B B A
I S H U R T Y U I J S C O H N I S V D S O M
U O P C R A M N P J I Z U D E O B B W H I M
R Q B I B I G V D D L Y J V E I M K O I L T
M G B N R N W L E C I S U M B S I G W M Z C
W I W A A J F M M F T K E R B V T F X S Y W
H S S M Q M I L I T A R Y Z R P C P G V S X
T I P C M T J S S M K O Z O G H D I L F Z E
C D Z G H W A Z P A Y J F D E X O O I C E G
X P C P Z I I H D M H D B Q Q P I U N F R O
E O B A T N E G A M L M M Y J O M G R A B A
G T R U J M R F P A R O S Q V S M Z K R U T
A I U A P L V B L L D F W C A Z L B J I H X
U J T Z L D G L T E N T K K A B A C K T V K
V M A S T E R T L H T V A Y T H M H V S F I
D R Z F J S V Y J F E V N S V N S N P Z I H
```

magenta	manicure	military	model	mother
mammal	master	mischief	modest	mountain
mandala	medicine	mobster	morning	music

136

Words That Start With N!

```
D D T P N S R E K V S V O X F T N O A Y C D
R X V J E U V N O N S E N S E E G H P C A W
O B T B D I R I G U I O D G R Q U V U P E V
P Y C M T K K S G Q F I G V Q D C V D B L Z
L D K A E L D E E N Q U O B T P H P S A E N
R E G K Q S O K V V N U K N P K J Z O O V Y
Q E C U F Y M A M P S O Z G O E T B T Z R X
N T K A F A P U N T P K Y Z S V T Q V P I I
O E N M L Y B O A S P P J K O Z V T R I W Q
N L Z C J K A J Y H F U X X X L A R O S R R
D O R E C Z C V Q G N M E Q N F K O Y G M E
W U T K B O U E D I U T L A A N Q Y C C V S
C L A E P G V I N L T M L C A U N A N N Y L
N F S J B Y V J Q K N J V A P C J S Y Z U X
R I P X S O A R K I O H N G P L F Y R Q Q G
O E U R Y W O W W G B S Q C G E T I E Q A P
T R R L K F W K W I L H E G J U T K C G N D
A W Z U D A N T F U E G T B I S S D I T T B
R N N E T E J Q A Z W H O E E C L A T L E T
R O Q N G A H J Q E N B N N A E O X O A V V
A T T B F P N L O Z R D B I Q P M O N K F O
N B Z K I Y C Y E G R Z D K N T D U Q E W O
```

nanny	necklace	nervous	nonsense	nucleus
narrator	needle	ninja	notebook	nugget
nature	negative	noble	notice	nurse

137

Words That Start With O!

```
D O T O M S E Z A R Z V R E C S O P Z F C R
K E A C C E N A V P Z M A X K U F G F S D G
D H T T L M D G N O G T N C T W D Y I O W L
A K X A M C G E J S N F O R R V Y M Z B E F
N G M G G E A M J C O I A K A K O G A W W H
D B B O O I A O Z I U G O E Q O S B Q U X C
M O Q N P Y L L D P E I O N H A W G D B L A
Y L O X A V S B Q M F T T P E O C T O P U S
P P E Y L P V W O Y B D X S U U O A R X E M
L L U L B G J X R L T F R R V Y L L G U A T
K L U C K V J D O O E E A Z R E L A Z E B L
D E X S C D G X M Q V N X B I I G K R H V D
H O M Y O O S O Q O E N I L F F O B E E Q D
V A T E X R Q I C C I J X I A O M O R B I T
X X A Q M W H T W X U Q G S M O H I S I Q V
T Q O S M Q E D J I D N L B E E K T N Z X T
C I T S I M I T P O J F Y N M U Q K G P E K
X B A M V Q A H N B L I W Z E V I Z A X O E
I R I T Y Z E F A R Q M H V K N M R D A A C
Z M A C Z L M D C Y R N C L Y S Z S O B Q B
A L L Z K V O W G F E Z F R C T O U N J L J
F I T F T S W J D H A J R B T D Y C M N D M
```

oatmeal	octagon	olympics	onion	orbit
obligated	octopus	ombre	opal	outrage
occupy	offline	omega	optimistic	overseas

Words That Start With P!

```
J K I K S Q A A P Q W K E C A U T R S X E U
P W J N W I N E D P A C I F I C E F E T W U
G A G K N K P C R C F C U X H O E O E A D U
T O I U Y P M E P O P P Y U H H K V U R O D
U C T S E Z T Y G H Y N N W J H A F V M A I
Z E R R L E P Z W E X V D K V S R R Q Q W N
P T O W N E W D E T C E T O R P A E Y N R L
L N R D R K Y V S D N A H G A I P P K O K M
I S O M R C T H P N D H L E G O F M Z F R D
R C A R N Q C E N E Z K R A R P B A M M E Y
F V A E X U Z C C B M V S Z P A P P X I C V
X Q M W R K N Z Y R T N A P K N F C K V X H
K L N L F C P R I T M S J E T C K A K U M N
Z X U W I Y N P O Y B E X B P A H O N F T X
U W J E O A F A A F C V O W E K L H J Y U M
G B G E G D C N P I S P A O B E U L T I R G
Q I L S H Q A Q S D N Y R Q D V U T M Y L E
H M A A F L E Q M Y A T D S S U Y H D H K J
U D X D C U P J S P Z X C T K G L W V X U Z
H I E B R O W H A J U K E K O O L R V V P K
J D C A Q O R P A N O A J J J Y D S V K O N
O Z P E L A Y Z T H V P K W P D I A X D S Q
```

pacific	palace	pancreas	parakeet	poppy
paint	pamper	pantry	pepperoni	pretend
paisley	pancake	papaya	petunia	protected

Words That Start With Q!

```
J E G W E S Z E Y Q L O M J Q H W K H Y B P
S S P Q W U G K U I C L K N Q U P U G I J F
Y O D X D N T A S F Y V X T N I A U Q O M S
Y Q T C E J R U E U T N W J E E G C M I J Y
S U Y V Q T O Q S U N E Q A Y U G F K R L A
W I L O E Y F C P B N P E D W U Y E Z I O A
V E G R E Q U B W P D R J I P P T W A N C A
Q T Q U O T A C H L G Y K L O Z K U I I H Y
U J E X Y H W P U A B E V Y Q X Q U T F C W
A W D R K Q U D B E R Z E H L G Q Z D C H M
R S E F Z Z P W Y Q P E T T U A X T I A Q K
R Q U I R K S B U I C X V G C L A R U J Q X
E Y U C L B R I C Y E T R I T G A A Q S B Y
L F O H G N L A V C U X J G U J L U F N G Z
S K S S W L Z K L O Q L M B M Q I Q Y M C B
M B Y Z L E Y H X U E J H N C F Q W L B N Y
K E T V D Y X N D X A E E D E W G D R A R U
O J C D P A Y N B F B O Z N C E S C P V V X
S Z C B V E B U Y A E X O Q I T U J J U P L
E T O U Q T I F G R P P N U V Q J Q R J W C
G K Q K T Z Z T Y V G O B J G X Z Z N Y P C
R H L C H R Q T A Y Y R P F I J P K H Z D W
```

quack	quake	quartz	quill	quiver
quail	quarrels	queen	quinoa	quota
quaint	quarter	quiet	quirks	quote

Words That Start With R!

```
X H T S C U F K X A S Y T L R X B F U A R L
R D Y R E A F L S J P I X L E U X H K E U E
R A P K C V R I L O I V A R F M S R S K V R
E A I X W A K A G S D C Y V L V B I G T Y J
E E C L C B S H B U R P S W E E G N P H B T
T W O C R Y E Q H B A T R I X N V O R R Z X
M W O U J O O O R M H S P F U A H O L G I O
S O E R J Z A K A O B A E Y T Q W V G V J C
N N O S A E R D I H K O T W E S K N P L N L
H R Q P C K V M N R U R J W P Z O J I M G X
D Y E J H Z Q Y C Y X L Z Q X L F K E F T V
I T F C J G R T O E U I Z Z B P F J S N C D
Q M E A E N V W A P C T N E T C Q M X L J C
V M B Z E S O L T A K E N K V N D V Z X O C
X L F V O B S L Y D Y A E F R N A H M K Q Y
D T A X N E N V U V C H C G A G U R G Z O R
L R T I H X D A W Y C A F Z N Y D E L X N P
T N A Z H M B O N S J A W V R E M R E U C M
I R Z R H N R A R H O N X U Y C V H I F U Z
H R U E L F K R Z N T C U K L G U E L U D P
X B U Q W Z Q H Q V Y F J D Q H Y K R H I C
R U N D O W N J K L W Z W K G M U J Y R P Y
```

raccoon	raincoat	reason	resign	roast
railroad	raven	recess	revenge	rodeo
rainbow	ravioli	reflex	rhombus	rundown

Words That Start With S!

```
O O U H H U B R S O S C I S H P S Z P F H T
W A B A V H L C S D A U H J A C A B F G N W
V Q B K V U O E K Z C E R C K V F M B A P L
K L F E Y R E W O H S Z K P O E A Y T G W T
J L F A P R D N C R V S I X R S R M Y F W S
E K U I S E I T L G J W R D C I I T B H A T
D J O E D H B Q S U M M E R D R S F U L H E
F N E N N L C G C U A T B M M N C E A Z D E
O Y I P V L G T R F N S X O R U C R P B M W
V E I T W S A E M M A N P W B S Y F J I M S
V F W C I S E C N E T N E S N T Z T J D N Z
S V Q Q C D B O R P M D S I O C O Y L T Y H
F A O V Z L F X R U L W X T O R N J D A T L
G L C A R Z Z D J C I O G J B P J E J K S F
E N O R D D E F F S W E Y L J J T R L D F C
T T I Y E B J N Z C J N E Z T N L F N G T F
A O U P M D P Z H I X Q G O E D F Z J Z Y A
Q B D J P C Q B B S C U Z C U O Y M V A I L
T E G R I O V E H S Q Z S B A N V Z E V F H
E F C U E R H N J O H F O O H S Q S S H G W
S C I E N T I S T R K U D L E G R D N D L Q
T Q T U P O X B Y S J D H O S Q P M R S O E
```

sacred	salty	scissors	shopping	sunrise
safari	scented	scorpion	shower	surprise
salary	scientist	sentence	summer	sweet

Words That Start With T!

```
A Y N U G V T J J E J B T P B J M J T N T O
X E T M I A T D Z S D S G H E I P N Y N R U
B H U S T O I A J S F K R G E B U I T X A F
K V G T R U S Y Z M O B E B J O P Y O S N E
M K O B V I V Q T N D A D X O X R O C T S H
Q O I B Q F H R E C A A N R B W C Y P N F B
Y K C A T P A T S L L R U W Q I M G D H E S
H C J V F I W Z A U Q K H T N W H F N G R C
V P L T N P S F T B R W T A X T O J B R Y B
P J E I A S X N Z Y C C T T O R P E D O O Z
S I N W H B A J R A K I Y W Z N A G P Z C P
T G V R A R L M A F T T F P V P Z T F K Y H
S Q E W A J V E P V Y R A I A Q K D Z Q W P
G F C T A W C S T Y G A E T Q T G J X Q P U
S O H S I U N U P O T V A G P X D J L Q V L
R E T A E H T U D D P E I X I Q J W X F H Q
N Z O H H L C F F G N L F R T T M E K R L G
L C A E V U T A R N Z D E T H J B I Y O H P
Q D T V T A C T I C A L O F P O O O O T V I
P Q N R U B V M K C F Y K Z Y T C Z Y V W Y
R K L Q J A I U U H H C T F J L F M Y S O L
H I D R Y O Z Q V U V R H B K D N W Y Y D H
```

tabletop	tarantula	theory	tiger	training
tacky	tattoo	thirsty	Titanic	transfer
tactical	theater	thunder	torpedo	travel

Words That Start With U!

```
Z U Y S B P B S Y K L U D B D L B B U I O V
M Z N F K M D N K W W N R W L P M A G I H O
H X L W V V T U E R E S U B V Z S W L O Q O
D I N K R Y E E W H Z N A Y A P X E Y B Q A
G P Y J F A T R H K V I Z M N N K C O L N U
N F I I W A P E K O Z H V U N C L E R Y F Y
G Z N E M H W L B S K C U U Q Q U D B D F E
L U F I C K U G Q F R P I U W H P P O D Q
E L T H X Q F H Z N Q U T Z C T R D B P X F
Q L I T X Z M C R N N O O X E N N Z F B J L
U E J H C T A T L R G B W H E I L N M V X N
W X J H P B U K J E L C N L O U I I K B X L
R V G W E U A N T T W B K K N U K U L E L E
F L C W R G H E C A N U V I Y T B M U E H M
B S X A E J W K C W Q G T Y O L H M K A X E
X U N V Y H Y X G R X R V D J A Y T G R I Q
N U I K U A Y J S E G R D O I S O Z H L T S
S Q Y R V B U D X D M S X U G G C I U T T I
E I T E K V B C K N X Z E S N X L D R B C Y
K W C W V C D W T U R N T J M P F A O J D S
L G C G V E C E O Y Q P M R X L X J X L J M
D D N U F I B B G W Q X B U F M Q I C P F A
```

ugly	uncle	unit	uphill	urban
ukulele	underwater	unlock	uptown	urchin
ultimate	unify	unwrap	uranus	user

144

Words That Start With V!

```
N V Q K E M W X F H Q F G J D P L D E V B T
G A I B T Q X N E S U O M O N E V L R V E P
T H R L O C J J U T G R O D O C I Z A L W X
W L O E L G V C L K R B O R U Y C W O H G Q
Z Z O V T A H Q Z Q X E Y C R D Q I D K L D
N A O E M E G D R Y A Y V C J E V V T B J K
M X A H Q F V E M U U C A V F P A I O D I W
E T F F G M N Z A H Y M N Y S L F I N E N R
D M H T C L H H Y V O K E V E X Q V V R W K
T Q Y J P H W K L V E T Q N K D R M L E W M
P B H T J G J Y V G R N T L L A R E A S I W
I K Z F G U H Z A T B I Y Q H I N P U L W N
X L K Y G X S B W I N M Y X V I G E S Q R V
J P M R E D D Z V E X A Y N C V K Z I O J E
V U Q V A M P I R E L T X C G I M K V Y T H
H J D I B X K I V J A I A V A L E T T Z V Y
N V H N H F N J R P W V X I B L S O C U K B
T G Z H L J D K J Y R E D O F A U Z L H U B
G K X S R I N W O Y L C D V C I F T O F H Y
U R L C P V T S K L D E K R A N U U Q P I U
G I W M S O L D T P G C C L K R T V E T L U
O A W H Z Z H C Q H V L V B E V V V Q A V K W
```

vaccine   valet   venomous   village   visual
vacuum   vampire   vertex   villain   vitamin
valentine vein   veteran   violet   vulture

145

Words That Start With W!

```
Q J F Y R U V A D N H E R F N A W W P J O R
N Y Y K A U L X O T G K L J O I B A Z F D I
E B S N W A V S F A R F W T E U B L F R T E
N O G A W U J W E E J L U X S H P R X F F O
G Q C B Q Z I V Y H V M H P Q I G U R O L U
V D E U G N C Q E W Z A Z R S N H S X W Q E
Q B B L D J S H L H F V C W A I T W O W K M
Y E K P A G R C L O C I T C N F U C A F B O
B W I R H H K G A N B L N Y W M L S V F D D
E P I V G J W L W N K O D A A J T O P R J I
E X D G O V X R I O Z Z A X T E Q X E P F V
W I N T E R G D H Y J T T V E G U H R B T E
K L V A P X P P O H Z K W S R Z T O B G G N
Y J S X T G L R S X B K A R M A Z D S D F C
G W I V V A R T J O T R O G E Y R G M M G W
S T V K W O E J B X O G U W L A Q Y A M A T
V Q X G C H L U X O H V H B O F D F Z M K R
G C T E C A X B K H S D W C N V L F M R B I
N S S T C K W F C D R C U F E N T R W L J I
W V I L J G Q O Y Z H F J T D L H C T S H A
O W X M P Q Q S X Z Y S G Y B R T R L Y V E
F D F K O H H P T N L B D E M O C L E W P S
```

waffle	walleye	watermelon	whale	windpipe
wagon	walrus	weather	wheat	winter
wait	waste	welcome	whistle	witch

WorDS That Start With X!

```
W B G X H D G U K A A A B G D S X J L I A D
J E R X Y T K J I M S E Z O P O A Y N Q V G
O S K H I B X S T H Q T N F B X N K C E O P
K B U W F B N E H B G H O P S R T V J H T P
Q K D S T S I Z B N S K N Q L V H V J H L W
X X Y Q U P O X V E G U E D W G A J U Y C Z
R K E X K J U I P P C U X S Q E N I N F T C
X W K R J R I V Q J C M Y D Q D D E Y D O U
L S T U O D B Z W D R J L C M Q S S Y R M W
E Z A D A T W D P J Y W Y V U L J T W R J W
N B N Q P A I I G V L B L O Y D X H C V T N
M Z T G D K K C Q G R W U M Z H R N F W L C
H P O Z U Q B Q Q Y W N J U N G I Y G O F Z
A U D R C O X J U Q N X D V P A V V K A U O
V H M A Y O U A P A L I Y G D S U Y P R H W
X S E A R A Y E A F O H M R X K E Y M Q N Z
N J A E P X Q L N R A C Z T Z Z X Y L E M J
Q O X Z Y O A U Z E M O I I A I B C V X R P
R O Q L J X R B A I L M P U D A M Z E G Z W
L S O A T Y Z S U T S Y X C G Q T K W S B D
X S C R H M F W M Y A B X F H D N Y D V D J
E R L V P C W L K C W X X B P B S D H M D B
```

xanthan   xenon   xerox   xylene   xylyl
xebec   xerotic xylem   xylose   xystus

147

Words That Start With Y!

```
B I E W T M F D J A Y T L X H N S R N I S I
P H Q S O E V G Z E I K T D G Y O U H Y L R
F R A Z D T O E A I H Y G L Y B T Z L Y V D
W E R N X Z E R X K R U D T W X X R U K J F
Y X T M V T B Q Y M V W I B I R Y M U E O L
N D Q P D O I N D M S O F P J I M V V G A V
H N T M O B J A F J I L R Z H Y B E O R O U
N G P K L O Y F C F U L V Z Q O M F O Y B Y
S S V N B Q T H T A N E S L M B Y G S M M
Q T D P C D Y I Y X X Y Y L M J G R O B N B
W T B D D Y V C N X N I F B R L F F E G H R
W J P Y P O A G M Y A V D X V X Y O U N G P
P R P D N L C P O J J S U I U V J Y G Z P G
H Z L Q U W Z S O Q N V N G N M U U D J J V
U D V H D Y B H I C L U L H J Q C T Z K J Q
Q S T O P S I Q Z T R E L E D O Y I L P W I
Q N S E M I S E F G I W L V K S Y E S T G O
Z V I N W H F L L L S V Y H H L W K N E W H
U F W E T M O V D D O B A K F X P O C U P T
V Q E A L Y A E D P Z V C Y E O K J S Y N K
R B M X E X F Z I K G X H B Z A X C B R R Y
D O T R Q Q G G R N B U T G F X S Q Z Y Y C
```

yacht   yeast   yield   yogurt   young
yearbook   yellow   yodeler   yolk   yummy

148

Words That Start With Z!

```
S K G Z D W J I S F E I V U R A T B Z F A H
R G Y Q I M R N N I O Z M K I N N N P E J P
C K I Y D P X J B I R Q P Y G N P K S P E K
Z R E G W P P M Y T H N M V K R V Q V C P J
I T G T F L O E S X N C R X B E N A X F U H
R E P L I Z F F R L Y Z C L P A A N C V B J
C U G N V A U L X T G P G U Q B X D R V C N
O A U O F U A N S N L J T R Z Y M K Q F M Q
N C K W Z V H R H M Y I W R T R I P K Z
Z A A R B E Z I D O P M B C G W C S T K E M
I I Y D I W H L T Q V P G L Y Y D G E P L U
U D X R P D X D N C H D X R I A P Y H Z U E
U O N W U R D J J B R V A K G M Y Y D Y T D
L Z M Y M A C B I C I M E M R J R C H V L L
V Y C S S H L Z G W B B E O T S M J H E E L
Q T Z L Q Q T Y Y T K G I O S P S D C C H H
B E O H X H K N I C F V M Z O G L P O J Y U
L W P X A M A A U A X T K X G D J Y M P Y R
D F K Q U H L X X B X I K T U G Z I G Z A G
A S J G J F Q M U X C V U Z R W R M W J H T
G V A E G M K F X J J S H R I L U O B S X T
E N E Z Q V J F P A Y J M P W D H I G B E O
```

zebra	zesty	zipper	zodiac	zoo
zephyr	zigzag	zircon	zombie	zucchini

149

Made in the USA
San Bernardino, CA
25 February 2020